Ben Redelings

HSV-Album

Unvergessliche Sprüche, Fotos, Anekdoten

Bildnachweis

firo sportphoto: 50 (o.), 71, 96 (o.)

Horstmüller: 15 (u.), 66 (o.), 121, 138 (Reimann), 144, 151

imago sportphoto: 7, 8 (u.), 9 (o.), 11 (2), 13 (u.), 27, 44 (o.), 52 (u.), 75 (o.), 93, 94, 102 (u.), 104, 109, 119, 123, 129, 141, 154

picture alliance: Cover (r.), 29, 65, 74, 85

Witters: Cover (u. l.), 1, 24, 45 (u.), 60, 89, 98 (u.), 112, 125, 131, 139, 140, 143, 150 (u.), 157

Oliver Wurm: 9 (u.)

Ein besonderer Dank geht an **Wolfgang Möller** für die Fundstücke aus seiner Sammlung!

Nicht in allen Fällen konnte die Urheberschaft an den Fotos ermittelt werden. Der Verlag bittet um entsprechende Hinweise, um berechtigte Ansprüche abzugelten.

Bibliografische Information der Deutschen Nationalbibliothek:
Die Deutsche Nationalbibliothek verzeichnet diese Publikation in der Deutschen Nationalbibliografie; detaillierte bibliografische Daten sind im Internet über http://dnb.d-nb.de abrufbar.

3. Auflage 2019

Lotzestraße 22a, D-37083 Göttingen
www.werkstatt-verlag.de

Satz und Gestaltung: Die Werkstatt Medien-Produktion GmbH
Druck und Bindung: Grafisches Centrum Cuno, Calbe

ISBN 978-3-7307-0106-5

»Bevor der **FC St. Pauli** in Hamburg sportlich **die Nr. 1 der Stadt** wird, wird der gesamte Kiez zum **Müttergenesungswerk**!«

(Bernd Hoffmann)

»**Pass auf, Dicker**. Wenn du mich weiter so anmachst, dann flanke ich in Zukunft zehn Zentimeter höher und dann wollen wir doch mal sehen, wie viele Tore du noch machst!«

(HSV-Spieler unter sich: Charly Dörfel zu Uwe Seeler)

»Auch ich musste manchmal überlegen, wie das Stadion gerade heißt.«

(Selbst Uwe Seeler kam nach den vielen Umbenennungen irgendwann durcheinander und freute sich im Januar 2015 darüber, dass das Stadion wieder Volksparkstadion heißen soll.)

»Manni Bananenflanke, ich Kopf, TOR!«

(Horst Hrubesch)

»Der **HSV ist 'nen Weltverein**, 'nen reiner Weltverein!«

(Dittsche)

»Einige müssen ihre **BAUCHMUSKELN trainieren**, obwohl sie nicht mal wissen, was das ist. Wenn wir die trainieren, kommen sie am nächsten Tag an und meinen, sie haben was mit dem Blinddarm.«

(Willi Reimann über den Trainingseifer seiner Spieler)

Frage an Thomas von Heesen:

»Was ist dran am ›Monaco-Gerücht‹?«

(Simon Martin S., 2000 Hamburg 65)

Antwort:

»Das Gerücht kann nur von ›Monaco-Franze‹ sein.«

»So ist Fußball. **An einem Tag bist du Michael Jackson und am nächsten Tag dann nur noch Roy Black.«**

(Eljero Elia)

»Wenn ihr das nicht schafft, dann könnt ihr drüben in der Wüste Kamele reiten.«

(Joe Zinnbauer beim Trainingslager in Dubai)

Auch als selbständiger Finanzdienstleister machte Zinnbauer in jungen Jahren schon eine gute Figur.

INTERVIEW VON SKY-MODERATORIN ESTHER SEDLACZEK MIT LASOGGA UND HOLTBY. MODERATORIN: **»Pierre-Michel Lasogga, Sie haben nur zwei Schritte Anlauf genommen – war das so geplant?«** HOLTBY: **»Natürlich. Bei fünf Schritten ist er sofort müde!«**

PML bekennt sich im Urlaub zum HSV.

»Mehr **Horst Hrubesch** war nicht drin.«

(Roy Präger nach seinem Kopfballtor gegen Juventus Turin)

»Wenn du so gerne das Fähnchen schwenkst, dann such dir doch 'nen Job am Flughafen.«

(Erik Meijer zum Linienrichter)

»Ich bin wohl 'ne **Hümörbömbe**.«

(Thomas Gravesen)

»Das Wichtigste ist, dass man sich den Kopf nicht vollmacht.«

(Pierre-Michel Lasogga über seine 148 Tage lange Torflaute, die er im April 2016 mit zwei Treffern gegen Werder Bremen beendete)

»Ich denke, dass wir eine Mannschaft sind, die Spiele gewinnen kann, aber auch verlieren kann.«

(Trainer Bruno Labbadia)

Starschnitt

Uwe Seeler

»Über Uwe Seeler müsste man fässerweise **HONIG** ausschütten.«

(»Welt«-Redakteur Hans-Jürgen Usko)

»Kicker«-Herausgeber Dr. Friedebert Becker nach einem spektakulären Seeler-Tor 1960 gegen Westfalia Herne: ***»Jede Varietébühne der Welt zöge volle Häuser, wenn sie ihrem Publikum dieses Uwe-Tor, das entscheidende Uwe-Tor, möglichst in Zeitlupe, allabendlich vorführen könnte. Aber dieses wahrhaft akrobatische Rückzieher-Tor im Liegen war noch viel wertvoller als ein für Bühnen einstudierter Trick. Weil es jene Tugend des kleinen Hamburgers lohnte, die mindestens ebenso kostbar ist wie das technisch Artistische: Uwes blitzartiges Erfassen der Lage …«***

»Ich entscheide die GROSSEN Dinge und meine Frau die kleinen. Welche Dinge groß und welche klein sind, entscheidet meine Frau.«

»Mein Motto war immer: Wer sein Glück nicht richtig genießt, der kriegt garantiert Verdauungsschwierigkeiten.«

Uwe Seeler tanzt während des Sportlerballs vom »Münchner Merkur« 1961 mit der Schwimmerin Wiltrud Urselmann.

»Es gibt **niemand** in unserer Stadt, **der ihn nicht kennt«**

(»Hamburger Morgenpost« 1960 über Uwe Seeler)

»Irgendwie steckt es in einem drin.«

(Auf die Frage, warum er so ein guter Stürmer sei)

»Nehmt euch an Uwe Seeler ein Beispiel.«

(Der Wiesbadener Oberamtsrichter Dr. Reinhold Brauser zu drei jugendlichen Automaten-Knackern, nachdem Seeler halbverletzt in Spezialstiefeln das Siegtor erzielte, durch das sich die deutsche Nationalelf für die Weltmeisterschaft 1966 qualifizierte.)

Uwe Seeler begrüßt neben seiner zukünftigen Großtankstelle zwei Schornsteinfeger.

»Schluss ist erst, wenn meine Frau sagt: **Uwe, hör auf**.«

(Im Jahr 1968)

»Wenn im Fernsehen Fußball läuft, muss alles um mich herum ruhig sein. **Da bin ich wie weggetreten**.«

»Die Mannschaft braucht eine starke Hand.
Noch besser, wenn's ein Fuß wäre.«

(Gerd-Volker Schock, Jugend- und Amateur-Trainer vom Hamburger SV)

»Haben Sie genug Zeit?«

(Willi Reimann auf die Frage, was er beim HSV alles verbessern müsse)

»Es ist uns gelungen, unsere TORGEFÄHRLICHKEIT im Vergleich zum letzten Jahr **auszumerzen**.«

(Frank Pagelsdorf)

»Fußball ist ein intelligenter Sport, ob mit Instinkt gespielt wird, mit Kopf oder Herz ist egal, **du musst ihn beherrschen**.«

(Ernst Happel)

»Die Hamburger spielen ein tolles 1-5-5-System. Aber nicht von hinten nach vorne, sondern von links nach rechts.«

(Gyula Lorant)

»Mit Peter und Peter schaffen wir den Klassenerhalt.«

(Ivica Olic über Peter Knäbel und Peter Hermann)

»Ich kann mich selber nicht mehr hören, immer die gleiche Scheiße zu erzählen.«

(Kapitän Rafael van der Vaart nach einer 1:3-Niederlage in Augsburg)

»Hoch werden wir nicht gewinnen.«

(Bruno Labbadia vor einem Spiel bei den Bayern)

»Modern ist, wenn du gewinnst.«

(Horst Hrubesch)

»In den größeren menschlichen Perspektiven ist der **Fußball nur Nebensache.**«

(Lars Bastrup)

Oliver Bierhoff in jungen Jahren mit Familie

»Als ich das erste Mal am Profitisch saß und die große Schüssel Pommes kam, sagte ich: **›Bitte, nehmt doch zuerst.‹** Die Schüssel kam leer zurück. Da verstand ich, du musst lernen, dich zu behaupten.«

(Oliver Bierhoff)

»Wenn man mich anruft, liefere ich auch noch nachts um zwölf eine Schlagzeile.«

(Dr. Peter Krohn)

»So einen Torwart wie den Rost habe ich noch nie gesehen, ich dachte, da würde die Chinesische Mauer stehen.«

(Bielefelds Fatmir Vata)

Das Abschiedsspiel von Willi Schulz

erlöst 130.000 Mark. Doch das Geld nimmt der geschäftstüchtige gebürtige Günnigfelder nicht mit nach Hause. Er lässt es beim HSV – was für einige Schlagzeilen sorgt. Der Verein habe Willi Schulz »angepumpt«, heißt es. Doch die Aufregung ist völlig umsonst. Schulz streicht zehn Prozent Zinsen ein, und der HSV spart sich den Weg zur Bank – und einige Mark, weil er sonst ein wesentlich teureres Darlehen hätte aufnehmen müssen.

Silvie und Rafael van der Vaart in Amsterdam bei der Präsentation ihrer Wachsfiguren bei Madame Tussauds

»Fans sind keine Kunden, sondern diejenigen, ohne die es die ›Faszination Fußball‹ gar nicht geben würde.«

(Frank Rost)

Im Oktober 1992 titelt ein buntes Magazin: **»Der Transfer-Skandal des Jahres. ›SPORT-BILD‹ dokumentiert, wie der HSV ein Supergeschäft in den Sand setzte.« Ein angeblich »millionenschwerer Bauunternehmer«,** der Kieler Jonny Solterbeck, will den argentinischen Weltmeister in die Hansestadt locken. Dem »Spiegel« vertraut er an: **»Ich schenke dem HSV einen Starspieler. Ich ziehe das komplett allein über die Bühne.«**

Zuvor hatte sich Solterbeck schon bei Holstein Kiel für ein neues Stadion eingesetzt und Millionen versprochen. Einzige Bedingung: Die Spielstätte sollte nach seiner Mutter benannt werden, **»Erika-Solterbeck-Stadion«**.

Mit einer durchaus unorthodoxen Idee will der Bauunternehmer den Maradona-Deal realisieren: Der Argentinier soll nur in den Heimspielen eingesetzt werden. Auswärts würde der HSV freiwillig auf den Superstar verzichten – außer der Gegner wünscht sich explizit die Anwesenheit Maradonas. **»Bei Auswärtsspielen hätte er nur gespielt, wenn wir an den Einnahmen der Gastgeber beteiligt worden wären. Denn zum HSV mit Maradona kommen auch in anderen Stadien automatisch 15.000 Zuschauer mehr«,** erklärt der »enttäuschte« Solterbeck nach dem geplatzten Transfer.

Der 15. April 1967 ist für den Spieler des Hamburger SV, Peter Barfuß, ein ganz besonderer Tag. Vor 22.000 Zuschauern absolviert er seine erste und letzte Bundesligabegegnung. Bei der Partie des MSV Duisburg gegen seinen Hamburger SV (2:1) rennt er 90 Minuten hinter dem MSV-Profi Johann Sabath her – gekommen war er eigentlich zum Stürmen.

Saison 1981/82: Der verletzte Jimmy Hartwig live im WDR-Fernsehen am Vorabend der Partie seiner Hamburger in Köln – sicherlich zur Freude seiner Mitspieler:

»Ich tippe eine Eins für Köln – weil ich nicht mitspielen kann!«

Auf den Rat Netzers vertraut der lange Braune, de
HSV-Manager holte ihn ja nach Hamburg. Rechts
Drei, die dem Spiel Impulse geben sollen: Hors

Felix Magath im Juli 1986

»Nicht einmal eine Bandage!«, schrie ein Fotograf enttäuscht, als Felix Magath nur 54 Tage nach einer Knieoperation gegen Bielefeld wieder spielte. Auch ein Hund interessierte sich für des Hamburgers Bein. Magath cool: **»Schnuppern darf er, aber nicht beißen!«**

Reporter:

»Herr Olic, wie viel Wodka tranken Sie in Moskau?«

Ivica Olic:

»Nur einen einzigen. Ich hatte zwei Tage vor einem Spiel 40 Grad Fieber, ging zum Teamarzt. Der verschrieb mir einen Wodka mit Pfeffer. Mir ging's bald besser, ich konnte spielen. Ein gutes Rezept.«

»Ich verkaufe sogar dem **Papst** ein **Doppelbett**.«

(Jupp Koitka)

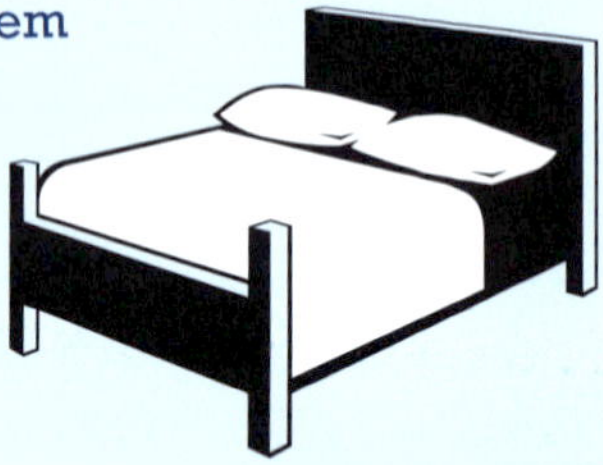

»Und wenn ich mir die Haare bis zum Arsch wachsen lasse, **dann lasse ich sie mir eben bis zum Arsch wachsen**.«

(Marcell Jansen zur Fan-Kritik an seiner Frisur)

»**Eine Profimannschaft ist kein Parlament**. Ich kann einfach nicht zulassen, dass in der Elf **genauso blöd und durcheinander gequakt** wird.« *(Gerd-Volker Schock)*

Ein Schneide- und ein Eckzahn locker, die Lippe mit fünf Stichen genäht. Ditmar Jakobs fühlt sich nach dem Auswärtsspiel des HSV in Gladbach (2:2) nicht besonders. Das merkt Manager Günter Netzer und baut den ramponierten Abwehrrecken gefühlvoll wieder auf:

»Mach dir nichts draus, der Schönste warst du ja nie!«

»Das Intelligenteste am **Bruno** ist sein **Weisheitszahn.**«

(Max Merkel über Torjäger Bruno Labbadia)

»Zwischen den Ohren muss es stimmen.«

(Huub Stevens)

Im Saisonfinale 1980/81

liegen in Hamburg die Nerven blank. Neu-Trainer Aleksandar Ristic ist verzweifelt: **»Meine Spieler fragten mich zuletzt immer wieder: Alex, warum lachen wir nicht mehr so wie früher? Das Lachen ist bei uns fast ausgestorben! Ich sage ihnen dann: Für mich ist unsere Situation nicht mehr zum Lachen. Ich zerbreche mir eure Köpfe, ich bin verantwortlich!«** Nachdem die Mannschaft erst dafür gesorgt hatte, dass ihr Trainer Branko Zebec gehen musste und sein ehemaliger Assistent Ristic zum Chef befördert wurde, wünschen sie sich nun ihren ehemaligen Coach wieder zurück. Doch die Spieler hoffen vergeblich. Horst Hrubesch: **»Einen wie Zebec kriegen wir nie wieder«**, und Manni Kaltz: **»Mir wäre lieber, Zebec käme schon morgen wieder zurück.«** Und was macht Trainerneuling Ristic? Der ist total verunsichert: **»Branko brauchte sie nur scharf anzusehen – und die Herren rannten los. Bei mir ist das nicht so. Ich bin nicht Branko, nicht der liebe Gott.«**

»Die Zuschauerrolle ist die schwierigste Rolle für einen Spieler.«

(Uwe Bein)

Als van der Vaart zwischenzeitlich nicht mehr an der Alster flanieren möchte, erklärt der niederländische Nationalspieler voller Pathos:

»Wenn ich in Hamburg bleiben muss, werde ich Schmerzen haben. Ich hoffe, Valencia kämpft um mich.«

»Fußball ist ein sehr kompliziertes Spiel. Man muss es einfach spielen, dann ist man erfolgreich!«

(Felix Magath)

Felix Magath

Eine abfällige Bemerkung über das Golfspiel hatte für Hamburgs Spielmacher Felix Magath zur Folge, daß er zu einem Golftest in Hamburg eingeladen wurde. Das Ergebnis: Felix fand Spaß und Gefallen am neuen Spiel

Großer Spaß am neuen Spiel

Ein Spiel für Reiche" oder ein „Altherrensport" – vielerorts wird Golf so bezeichnet. Auch Fußballprofi Felix Magath hatte bis vor kurzem noch Vorurteile gegenüber dem Sport mit dem kleinen weißen Ball. Doch dies sollte sich nach einer Fernsehsendung schlagartig ändern – im wahrsten Sinne des Wortes.

In der ARD-Sportschau war Magath eine bestimmte Bemerkung entglitten. Als ihn der Moderator fragte, ob er auch Golf spiele, antwortete der Fußballer vor einem Millionenpu[illegible]och nicht – d[illegible]eicht"

klappte natürlich nicht auf Anhieb. Eigentlich machte es schon Spaß. Allerdings braucht man für diesen Sport eine Menge Zeit."

Eben diese nahm sich Felix dann doch: Nach theoretischer „Unterweisung" reizte den Fußballer die Praxis. Im Golfclub Hamburg-Ahrensburg ließ sich Magath von der Golf-Junioren-Nationalspielerin Astrid Zielke in die Geheimnisse des Sports mit dem kleinen weißen Ball einführen.

Glitschiger Rase[illegible]nd Nieselreg[illegible] – nich[illegible]

Saison 1985/86: Dieter Schatzschneider ist von Hamburg nach Gelsenkirchen geflüchtet. Er hielt es beim HSV nicht mehr aus. Schatzschneider: **»Es war nach einem verlorenen Spiel. Ich ging zu Magath und sagte ihm: ›Verfluchte Schiete!‹ Magaths schnippische Antwort:**

›Bloß du sitzt in der Schiet, nicht wir!‹«

»Einer Schachfigur verspringt kein Ball, bloß weil sie schlecht geschlafen hat.«

(Felix Magath über Parallelen und Nicht-Parallelen von Schach und Fußball)

»Ich will später noch eine Familie gründen. So bin ich auf der sicheren Seite.«

(Marcell Jansen auf die Frage eines Kindes, warum er sich bei einem Freistoß immer die Hände unten herum vorhalte)

Autogrammkarte von Willi Reimann

Schon in der Endphase der Saison 1973/74 sorgte ein Transfer für Aufsehen. Hannovers Präsident Ferdinand Bock sehr rigoros: **»Herr Dr. Krohn kann über alles mit mir reden, nur nicht über Willi Reimann.«** Etwas später klingt das dann schon ein bisschen geschmeidiger: **»Wer Willi Reimann haben will, der muss 1.000.000 Mark bezahlen.«** Am Ende schwanken die Zahlen zwischen 600.000 und 1,5 Mio., die der HSV für den Hannoveraner auf den Tisch legen muss. Reimann geht in jedem Fall als **»Millionen-Willi«** in die Transfergeschichte ein. Und diese für damalige Verhältnisse gewaltige Summe macht ihm schwer zu schaffen. Bei der Partie seines HSV gegen Eintracht Braunschweig klappt mal wieder nicht so richtig viel bei Reimann. Die gegnerischen Spieler haben dafür jedoch eine einfache Erklärung: **»Die spielen ja an Reimann vorbei! Die meisten sprechen ja noch nicht einmal mit ihm. Kein Wunder, dass er da kein Bein auf die Erde kriegt!«**

HSV-Manager Dr. Peter Krohn

bereitet im Sommer 1977 die Feier zum 90-jährigen Vereinsgeburtstag im September vor: Eine dreistündige Gala unter dem Motto **»DAS IST DER HSV«** ist geplant. Die gesamte Show-Branche Deutschlands soll auftreten und Krohn natürlich moderieren. Ein Problem gibt es aber noch: **»Ich suche eine hübsche Partnerin, denn schöne Frauen stimulieren mich!«**

»Die größte Hamburger Blamage seit Ronald Schills Versuch einer Rede vor dem Bundestag.«

(Die »Süddeutsche Zeitung« zum Ausscheiden des HSV in der 1. Runde des UEFA-Pokals gegen Dnjepropetrowsk)

»Bei selbst verschuldeten Roten Karten gibt es Strafen. **Da muss man den Garten fegen, das Laub zusammenharken.**«

(Dietmar Beiersdorfer)

»Tage vor einem wichtigen Spiel sind lang,

die Minuten noch länger.«

(Präsident Jürgen Hunke)

»Unter 1,3 Milliarden Menschen muss ein guter Linksfuß sein.«

(Präsident Bernd Hoffmann zur Suche nach Verstärkungen in China)

»Wenn wir könnten, müssten wir uns in den Arsch beißen, doch das geht leider nicht. So beweglich sind wir nicht.«

(Bruno Labbadia)

»Erst wenn der **Schiedsrichter abpfeift,** ist das Spiel **zu Ende oder gewonnen**!«

(Uwe Seeler)

Autogrammkarte zur Saison 2016/17

»Wenn es schneit, werde ich mich zu Hause einschließen. Ich bin doch kein Pinguin.«

(Cléber Reis)

»Es ist ein Vorteil, dass ich **Hamburg** bereits kenne – wenn auch vom **falschen** Klub.«

(Michael Gregoritsch)

»Einige meinen, dass sie Fieber haben, wenn sie schwitzen.«

(Willi Reimann über die junge Spielergeneration)

Starschnitt
Branko Zebec

»Der Zebec trinkt aus dem Glas und der Happel gleich aus der Flasche.«

(Max Merkel)

Bereits am ersten Spieltag der Saison 1980/81 kommt es zum Streit zwischen dem ZDF und dem Hamburger SV. Im »Sportstudio« hat man einen Satz von Zebec verkürzt zitiert. Dadurch bekommt die Aussage des Trainers deutlich Schlagseite. Nach dem 0:0 zu Hause gegen den MSV Duisburg hat Zebec gesagt: »Das Spiel hatte zwei Teile: eine erste Spielhälfte und eine zweite Spielhälfte!« Wahrhaft ein Satz von brachialer Durchschlagskraft – und das Zeugnis für einen geistig Verwirrten. Wenn man denn den Nachsatz (»45 Minuten gelang uns gar nichts, in der zweiten Halbzeit war wenigstens Kampfgeist zu sehen«) weglässt und dazu den Kommentar spricht: »Eine mazedonische Weisheit aus der Chronik des fortlaufenden Schwachsinns«, so Moderator Hanns Joachim Friedrichs!

20. August 1979: Trainer Zebec, Manager Netzer und Uwe Seeler

»Verloren, macht nichts. Nächstes Spiel gewinnen!«
*(Beim **Halbzeitstand** von 0:2)*

In der »Bild«-Serie »So viele Siege – und alles verspielt« zum Saisonstart spricht der HSV-Trainer Tacheles. Zebec: **»Ja, Herr Kaltz, ich bin schuld, dass Sie gute Verträge bekommen haben. Danke. Du hast jetzt vier Jahre ausgesorgt. Du bist der bestbezahlte Fußballspieler Deutschlands geworden. 600.000 Mark pro Saison. Erinnerst du dich, wie ich dich nach Argentinien übernommen habe? Hast du damals überhaupt noch laufen können? Du warst ein ausgebrannter Beckenbauer-Verschnitt. Heute schreiben die Zeitungen vom Weltklassespieler Kaltz. Wer hat dir die Kraft und das Selbstvertrauen zum modernen rechten Verteidiger wiedergegeben?«** Das Verhältnis, nicht nur zu Kaltz, ist danach endgültig zerrüttet.

Andreas Sassen und Harald Spörl haben sich mit einer Geschichte ins Fangedächtnis eingegraben. Nach einer durchtrunkenen Nacht auf der Reeperbahn fuhren die beiden Profis mit dem Taxi nach Hause. Doch Sassen ging die langsame Fahrweise des türkischen Fahrers auf die Nerven und so raunzte er diesen lautstark an:

»Fahr schneller, Ali!« Das passte wiederum dem Taxifahrer nicht in den Kram und so entwickelte sich aus einem intensiven Wortgefecht schlussendlich eine handfeste Schlägerei. Die folgende Strafanzeige und die umfangreiche Presseberichterstattung zogen eine Abmahnung des Vereins und eine gesalzene Geldstrafe von 12.500 Mark nach sich. Auch nach dem tragischen Tod von Sassen lassen es sich die HSV-Fans nicht nehmen, zur rechten Zeit im Stadion an die legendäre Geschichte mit dem Schlachtruf **»Taxifahren mit Sassen«** zu erinnern.

»Die Leute sind doch nur sauer, dass sie erst nach Mallorca oder Teneriffa düsen müssen, um braun zu werden, während ich so herrlich braungebrannt durch mein ganzes Leben gehen kann.«

(Jimmy Hartwig)

Es geht die Legende um, dass sich im Trainingslager zur **WM 1982 am Schluchsee**, später umbenannt in »Schlucksee«, weil es die DFB-Elf dort ordentlich krachen ließ, die Nationalspieler Horst Hrubesch, Manni Kaltz und Uwe Reinders jeden Abend 100 Spiegeleier beim Hotelkoch bestellt haben sollen. Nachdem sie ein bis zwei Stück pro Person gegessen haben, gehen die knapp 95 anderen Eier unangerührt zurück. Sehr zur »Freude« von DFB-Delegationsleiter Egidius Braun, der die Zeche zahlen muss.

»Wir haben im Schuh nach einem Schein gesucht«, weiß der frühere Hamburger Nationalspieler Friedo Dörfel zu berichten. Damals in den 1930er Jahren stachelte das Geld im Schuh die Kicker noch zusätzlich an. Dörfel: **»Bei größeren Beträgen lief alles doppelt so gut.«**

»Der **›Dicke vom Rothenbaum‹,** wie ihn seine Freunde nennen, liebt die Bequemlichkeit. Und deftige Hausmannskost. Ilka muss ihm ›Zusammengekochtes‹ auf den Tisch bringen. Dann strahlt er. Uwe nimmt … den Sport … so ernst, dass er vor einem Spiel überhaupt nicht ansprechbar ist. Aber das Reden, das ist überhaupt seine schwache Seite. Was er zu sagen hat, das sagt er mit den Beinen. Und das haut denn ja auch hin. **›Man hat dem Uwe schon als Kind jedes Wort mit der Kneifzange herausholen müssen‹,** lächelt Frau Ilka vergnügt. Aber ihr reicht die Konversation mit ihrem Uwe völlig aus. **›Wo er hinfährt zu einem Spiel, das erfahre ich meist erst aus der Zeitung.‹** Nach einem großen Spiel ist allerhand ›gefällig‹ bei Seelers. Uwe hat dann einen Bärenhunger … Ja, eine Sportler-Frau muss dann einiges Verständnis dafür haben, dass auch der siegreichste Stürmer nach Geschäft und Training nicht mehr so stürmisch ist … Denn Ilka war vorher eine perfekte Fußballer-Braut, die hingerissen zusah, wenn ihr Uwe ›schoss‹ … Ilka hat auch ohne mit der Wimper zu zucken ihre Hochzeitsreise geopfert. **›Uwe musste ja spielen.‹«**

(Eberhard von Wiese im »Hamburger Abendblatt« nach einem Gespräch mit Ilka Seeler in dem Aufsatz »Mein Mann: Uwe Seeler«, 1960)

5. Juli 1970: Uwe Seeler mit seiner Ehefrau Ilka und Tochter Helle in einem Strandkorb auf Helgoland. Er folgte mit seiner Familie einer Einladung von Helgolands Bürgermeister Rickmers und dem Sportarzt Dr. Kurt Fischer, um sich auf Helgoland von den Strapazen der WM in Mexiko zu erholen.

»Sepp Maier, Ente Lippens und ich – wir sind Viecher. Und die Leute wollen beim Fußball halt auch was zu lachen haben.«

(Buffy Ettmayer)

»Atouba hat heute wieder ein Bewerbungsschreiben an Zirkus Krone abgeschickt.«

(HSV-Boss Bernd Hoffmann über die Kabinettstückchen des Außenverteidigers)

»Hamburg ist eine Weltstadt, und so fühlen sich auch alle im Verein. Daraus leiten sie ab, dass der HSV ein Weltklub ist. Aber da fehlt die Verhältnismäßigkeit.«

(Klaus Toppmöller)

»Magath und Kaltz mit **dickem Hals**.«

(Kommentator Markus Höhner)

»Ich müsste als Hellseher auch Geld bekommen. **Ich habe gewusst, wenn wir in Rückstand geraten, verlieren wir das Spiel.**«

(Willi Reimann)

»Ich glaube nicht, dass meine Person einen **Schatten** wirft. Vielleicht von der Figur her, aber sonst nicht.«

(Frank Pagelsdorf zu der angeblichen Bürde für seinen Nachfolger)

»Da sitzt unser Trainer **dick und fett** und rührt sich nicht.«

(Manager Peter Krohn über Kuno Klötzer)

Kurz danach: »Es tut mir leid, zum Ausgleich darf Klötzer nun dreimal Armleuchter zu mir sagen.«

(Dr. Peter Krohn entschuldigt sich für das »dick und fett« auf seine Art.)

Starschnitt
Hermann Rieger

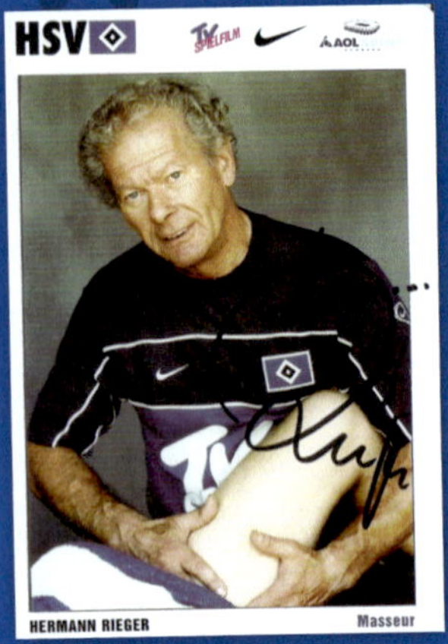

In Hamburg verabschiedet sich nach 26 Jahren der **Kult-Masseur Hermann Rieger** in den Ruhestand – verdientermaßen mit einem Abschiedsspiel zwischen der aktuellen Mannschaft und einem All-Star-Team. Dereinst wurde Rieger von Manni Kaltz aus Mittenwald in die Hansestadt geholt. Der HSV-Profi Bernd Hollerbach träumt davon, Rieger nach seiner Laufbahn wieder zurück in seine Heimat zu locken: **»Ich gehe mit Hermann Rieger nach Mittenwald. Er macht den Skilehrer, und ich verkaufe die Weißwürste.«** Dort tut man auch einiges für den beliebten Masseur und benennt einen Weg in der Nähe seines Elternhauses in **»Hermann-Rieger-Weg«** – doch es bleibt bei Hollerbachs Traum. Zum Abschied schenkt der HSV Rieger ein Buch mit dem Titel **»In Hamburg sagt man Tschüss«**.

»Hermann war mein bester Transfer!«

(Günter Netzer über Hermann Rieger)

Zurück in der Hansestadt bleiben auch das nach ihm benannte Maskottchen **»Dino Hermann«** und der größte Fanklub des Klubs **»Hermanns treue Riege«**. Auf hsv.de erinnert sich Rieger an den Tag, als er zu einer Legende der Bundesliga wurde: **»Es war bei einem Nordderby gegen Werder Bremen. Ich lief auf den Platz, um einen unserer Spieler zu behandeln. Auf dem Rückweg zur Trainerbank sah ich, dass ein Bremer einfach umgekippt war, der kriegte keine Luft mehr. Ich lief quer über das Feld, um ihm zu helfen. Der Schiri hatte davon aber nichts mitbekommen, kam zu mir und zeigte mir die Rote Karte. Ich musste also das Feld verlassen und lief an der Bremer Kurve vorbei, mit einem mulmigen Gefühl, denn beim Derby waren ja schon andere Dinge passiert. Aber dann erkannte ich, dass sie meinen Namen riefen. Ich konnte es kaum glauben. Unsere Fans haben es dann übernommen, jedes Mal, wenn ich aufs Feld lief.«**

»Es hat sich gezeigt, dass Haching gerade **zu Hause so heimstark** ist.«

(Frank Pagelsdorf)

»Bayern München verdient Respekt und hat als Aushängeschild des deutschen Fußballs viel erreicht. Wir werden dieser Tatsache beim Frühstück **zehn Minuten gedenken und dann unsere eigenen Möglichkeiten ausloten**.«

(Benno Möhlmann vor einem Spiel gegen die Bayern)

»Ohne das 2:1 wäre es niemals zum Ausgleich gekommen.«

(Der Torwart Stefan Wächter nach einem 2:2 gegen Schalke über deren Anschlusstor)

Rafael van der Vaart zur Geldstrafe wegen seines Wechseltheaters 2007: **»Ich zahle gar nichts.«** Die Antwort von HSV-Sportchef Didi Beiersdorfer: **»Wir haben den Vorteil, dass wir das Gehalt überweisen.«**

»Das ist keine leichte Frage!
Da müssen Sie meine Frau fragen – das ist allein Sache des Bundestrainers!«

(Uwe Seeler auf die Frage, welche Taktik er Helmut Schön für die zweite Halbzeit des WM-Finales gegen die Niederlande empfehlen würde)

»Die BREMER kommen nicht auf der Wurstbrühe dahergeschwommen.«

(Frank Rost zur Qualität des Tabellenführers Werder Bremen)

»Der spielt Leute gegeneinander aus, ist ein einzigartiger Selbstdarsteller, verbreitet Lügen, die auf keine Kuhhaut gehen, und redet dir eine Wendeltreppe ins Knie, wenn du nicht aufpasst.«

(Thomas Doll über Präsident Jürgen Hunke)

Der HSV steuert einen neuen Erfolgs

Ganz toll durch Doll

Ein neues Modell soll den Hamburger SV bald finanziell gesunden lassen. Sportlich ist der Klub schon auf einem guten Weg. Der Rostocker Thomas Doll brachte neuen Schwung ins HSV-Spiel

Am 19. November 1990 begann beim Hamburger Sport-Verein eine neue Zeitrechnung. Mit dem Versicherungskaufmann Jürgen Hunke trat für den Bankkaufmann Horst Becker ein neuer Präsident an die Spitze des Vereins. Damit begann für den Renommierklub von der Alster der Aufbruch zu neuen Zeiten und Taten. Wieder einmal.

Der HSV im Herbst 1990:

Hoch verschuldet und gerade sportliches Mittelmaß. Keine rosigen Perspektiven also.

Der HSV im Frühjahr 1991:

Immer noch hoch verschuldet mit rund 13,5 Millionen Mark, aber sportlich im Aufwind. Der HSV auf dem Weg zu einem UEFA-Cup-Platz. Der HSV also international wieder hoffähig.

Mit neuen Methoden zu neuen Erfolgen: Präsident Hunke.

„die Nachfrage ist gewaltig. Uns liegen schon Bestellungen im Gegenwert von einer Million Mark vor ...

in Absprache mi[t] ... schen Tennis-Bund ... große, repräsentative ... entstehen, die von beid[en] ... ligten genutzt werden ... Selbst mit einem teilwe[isen] ... bau des Volksparkstadi[ons] ... sich der Präsident nicht zu[frie]dengeben:

„Hamburg braucht e[in] ... Fußballstadion, in d[em] ... FC St. Pauli spielen ... dem der HSV auf e[iner] ... Ebene konkurrenz[fähig ist], wenn eines Tages d[ie] ... liga kommt".

Fazit: Der HSV will ... ginn der 80er Jahre ... Gegenpol zum FC Bay[ern] ... chen werden. Hunke w... ten.

Wenn Sie ...

»Ein Pärchen wie Pit und Klärchen«,

nennt Otto Rehhagel die beiden HSV-Spieler Horst Hrubesch (1,88 m) und Jürgen Milewski (1,71 m). Die beiden nehmen das Größengefälle mit Humor. Wenn Milewski mal wieder seine Leibspeise Kartoffelpuffer mit Apfelmus isst, schüttelt Hrubesch den Kopf und sagt:

»Jürgen, hau dir lieber ein paar Steaks in den Magen, dann wächst du vielleicht noch. Du bist ja fast ein Liliputaner.«

Das lässt sich Milewski natürlich nicht unwidersprochen sagen und kontert:

»Langer, wenn ich noch wachse, bist du vielleicht deinen Posten los – und das möchte ich nicht!«

Jahreshauptversammlung beim HSV. Unter den staunenden Augen des Publikums beginnt ein Kandidat sich langsam zu entblättern. Unter seinem Hemd kann man schließlich ein HSV-Trikot erkennen. Der Mann eröffnet seine Rede und sagt: **»Ich heiße Ali Eghbal, das ist besser als Ali Elfmeter!«** Ali wird anschließend von den Mitgliedern gewählt!

In Hamburg kann der neue Sportdirektor Frank Arnesen seinen Trainer Michael Oenning aufgrund anhaltender Erfolgslosigkeit irgendwann nicht mehr halten. Spätestens als ein Sportmagazin enthüllt, dass der HSV-Coach seine Mannschaft vor dem Spiel gegen den FC Bayern München vor deren gefährlichem Stürmer Miroslav Klose gewarnt habe, ist die Zeit für Oenning in Hamburg abgelaufen. Klose geht zu diesem Zeitpunkt bereits seit Wochen einige Kilometer weiter südlich in Italien für Lazio Rom auf Torejagd. Oenning wird ersetzt durch den ehemaligen Bundesligaprofi Thorsten Fink.

»Den HSVer Hollerbach plagt ein Darmvirus, und der pendelt zwischen Toilette und Schlafzimmer. **Hoffentlich kann er das Spiel im Liegen sehen.**«

(Fritz von Thurn und Taxis)

Ob HSV-Stürmer Buffy Ettmayer die neue Kaiserslauterer Nachwuchshoffnung Briegel im Kopf hat, als er **düstere Wolken am Fußballhimmel** aufsteigen sieht, ist leider nicht bekannt: **»Bald haben wir nur noch Athleten, die sind 1,90 Meter groß, 1,50 Meter breit und wenn die über den Rasen grätschen, jubeln 40.000 wie bei einem Torschuss.«**

Stress in Hamburg: Weltstar Ruud van Nistelrooy möchte im Januar 2011 unbedingt den HSV verlassen und zu Real Madrid wechseln. Doch die Führung verbietet dem Niederländer diesen Transfer. Als van Nistelrooy sich daraufhin beim Vorstandschef Bernd Hoffmann persönlich beschweren will, muss ihn die Empfangsdame leider zurückweisen. Ihr Chef sei nicht da, sagt sie, aber er könne natürlich gerne mit dem neuen Sportchef, dem ehemaligen Mannschaftskollegen von van Nistelrooy, Bastian Reinhardt, reden. Der Niederländer reagiert sauer und eindeutig:

»Ich will nicht **›Pipo de Clown‹**. Ich will den **Boss** sprechen!«

Starschnitt
Manfred Kaltz

»Was der Kaltz am Bein hat,
das hoab i auf der Lungen.«
(Ernst Happel)

»Der war wohl gerade zufällig auf der Geschäftsstelle.«
(Auf die Frage, was er denn zu Bastian Reinhardt als neuem HSV-Sportdirektor sage)

»Ich hätte mir viel vorstellen können, was ich alles hätte sein mögen. Aber Fantasie muss immer auch so weit reichen, sich so zu sehen, wie man ist.«

Kaltz: »Ich würde mich selbst als sehr bodenbeständigen Spieler bezeichnen.« **Auf die Nachfrage des Moderators, ob er nicht bodenständig meine:** »Ja, bodenbeständig, so würde ich mich charakterisieren.« **Auf die erneute Nachfrage, was er denn damit meine:** »Das bedeutet, dass ich nach dem Wechsel nach Bordeaux wieder zum HSV zurückgekehrt bin. Das ist eben dieses Bodenbeständige an mir.«

»Als Spieler habe ich es nie nach Italien geschafft. **Dafür jetzt als GETRÄNKE-FACHMANN.**«

(Nachdem er 1991 Vertriebsdirektor einer italienischen Getränkefirma wurde)

Manfred Kaltz (Hamburger SV)
Abwehrspieler; geb. 6. 1. 1953; 1,81 m groß, 76 kg schwer; früher beim TuS Altrip und VfL Neuhofen

Kaltz ist nach einem Konzert von Luciano Pavarotti begeistert – und zwar genau in der Reihenfolge:

»Er wusste nicht nur, wo ich spiele – singen kann er auch noch!«

In der Saison 1985/86

kommt es bei der Partie Dortmund gegen Hamburg (1:1) es zu einer kuriosen Szene. HSV-Verteidiger Manni Kaltz schmeißt bei einem Einwurf den Ball direkt zum BVB-Gegenspieler Horst Hrubesch. Für den ist der Fall allerdings sonnenklar:

»Der Manni sagte sich bestimmt: Das Gesicht kommt mir so bekannt vor. Gib ihm den Ball. Das ist mein Freund Horst!«

»We have to be **GEIL**!«

(Joris Mathijsen)

In Hamburg-Niendorf kann man ab dem späten Nachmittag in der Saison 1972/73 eine ganze Reihe HSV-Spieler gemütlich in einem Restaurant sitzen und einen Mokka trinken sehen. **Ihr türkischstämmiger Mitspieler Özcan »Ötschi« Arkoç hat das »BEI ÖZCAN« aufgemacht, und der Torwart freut sich ganz besonders über jeden seiner Kameraden als Gast.**

»So, ich trink jetzt noch **2 bis 20 Caipi** und dann kotz ich später noch in die Elbe!«

(Stefan Wächter)

Bergmann-Sammelbild von Willi Schulz (1966)

Saison 1966/67

Die Hamburger machen die Erfahrungen einer Spitzmannschaft: Je besser sie spielen, je mehr müssen sie einstecken. Nach einer Partie des HSV beim 1. FC Nürnberg ist Nationalspieler Willi Schulz sauer auf die Club-Kicker. Ihre harte Gangart gefällt ihm ganz und gar nicht. In den Katakomben ruft er den Nürnbergern hinterher:

»Ihr solltet besser Eishockey spielen!«

Es geht aber auch andersrum: Beim Spiel der Gladbacher gegen den HSV (Saison 1978/79, 4:3) wird nur Horst Wohlers des Feldes verwiesen, obwohl auch der Hamburger Magath getreten und gehauen hat. Wohlers rechtfertigt seinen Tritt: **»Ich habe es nicht gerne, wenn mir jemand ins Gesicht schlägt. Und schon gar nicht, wenn das ein Magath tut!«**

»Der ist **kein Mensch**, der ist **ein Sadist**!«
(Horst Hrubesch über Branko Zebec)

Starschnitt

Gert »Charly« Dörfel

Saison 1964/65: Beim Hamburger SV ist Stunk in der Mannschaft. Abstiegssorgen in der Liga und schwere Verletzungen bei Torwart Horst Schnoor – er wird von einem Mitspieler so unglücklich getroffen, dass er monatelang ausfällt – und Torjäger Uwe Seeler – der nach einem Achillessehnenriss sieben Monate ausscheidet – lassen das Team eh Trübsal blasen. Als Gert »Charly« Dörfel auch noch mitten in der Krise nur an sich denkt und seinen Vertrag kündigt, rebelliert die Mannschaft. Niemand will mehr mit dem Linksaußen gemeinsam auf dem Platz stehen. Dörfels Motiv, durch die Kündigung mehr Geld rauszuschlagen, bringt auch die Zuschauer gegen ihn auf.

Als herauskommt, dass Dörfel einen Vorschuss einfordert, um eine Parfümerie zu eröffnen (»Meine Bekannte, die ich heiraten will, arbeitet in dieser Branche«), veröffentlicht eine Zeitung ein Bild Dörfels mit seinem gerade frisch erworbenen Auto, ein rotes Volvo-P-1800-S-Sportcoupé (»Neupreis: 18.300 Mark«). Am Ende bleibt Dörfel nur noch ein Ausweg: Er muss seine Kündigung zurücknehmen, um reumütig in den Kreis der Mannschaft zurückkehren zu dürfen. Aus der Traum von den schönen Düften. Doch schnell findet Charly eine neue Geldquelle. Er nimmt eine Single mit den einprägsamen Titeln »Das kann ich dir nicht verzeih'n« und »Erst ein Kuss« auf und sorgt so für akustische Genüsse.

Der HSV-Star ist so ein bisschen der Klassenclown der Bundesliga, immer auf der Suche nach dem nächsten Auftritt. Nach seiner Karriere sagt Dörfel über sich selbst: **»Ich war ein großes, verspieltes Kind, die Ernsthaftigkeit hat oft gefehlt.«** Er liebt die spektakulären, die außergewöhnlichen Momente des Fußballs. Wenn er, die Melodie von »Horch, was kommt von draußen rein?« pfeifend, an seinem Gegenspieler vorbeispurtet, sieht man ihm den Spaß, den er dabei hat, an. Vielleicht wäre aus Charly Dörfel auch ein toller Entertainer abseits des Platzes geworden. Doch als er mit dem Fußball aufhört, findet er selbst, dass er den richtigen Zeitpunkt dafür verpasst hat. Dennoch träumt er von dieser Laufbahn ein Leben lang: **»Mit einer richtigen Ausbildung im Koffer hätte ich bestimmt im Zirkus auftreten – oder nach Hollywood gehen können.«**

Am 30. Oktober 1968 wird Charly Dörfel im Hamburger Volksparkstadion vor 30.000 Zuschauern von Schiedsrichter Edgar Deuschel aus Ludwigshafen des Feldes verwiesen. Der bekannte Nationalspieler und populäre Schlagersänger Dörfel antwortet nach einem Foulspiel an einem Gegenspieler auf die Frage des Schiris »Wie heißen Sie?« mit einer knappen, aber leider falschen Antwort: »Schulze.«

Charly Dörfel im Tonstudio

»Den Jungen habe ich umgepolt. Der war Bayern-Fan. Ich habe ihm in vielen Gesprächen erklärt, warum der HSV besser ist. Jetzt hat er's kapiert.«

(Marinus Bester über seinen Sohn)

»Ohne meine **EISERNE DISZIPLIN** hätte ich das Studium nicht geschafft.«

(Oliver Bierhoff über seinen erfolgreichen Abschluss als Diplom-Kaufmann ***nach 13 Jahren Studium*** *an der Fernuniversität Hagen)*

»Mit **Effenbergs Schnauze**, wie manche sein Mundwerk nennen, hätte ich schon 90 Länderspiele!«

(Uwe Bein)

»Natürlich ist mir ein kleiner Stein **von den Schultern gefallen.«**

(Jörg Albertz)

»Die Tabelle, die ja nie lügt, **täuscht ja oft**.«
(Felix Magath)

»Ordnung und Disziplin müssen sein. **Aber der Spieler muss auch einen regelmäßigen Sexverkehr haben. Fünf Wochen ohne Sex auskommen, das kann er nicht**. Er kann es ja nicht aus dem Hirn rausschwitzen.«
(Ernst Happel)

Autogrammkarte von Rudi Kargus

»Besorg mir einen anderen Torhüter – Kargus kostet mich Jahre meines Lebens.«
(Branko Zebec zu seinem Manager Günter Netzer)

»Das möchte ich am liebsten auch.«
(Rafael van der Vaart im Sportstudio zum Fan-Plakat: ***»Geh! Aber lass Sylvie hier!«****)*

Horst Hrubesch mag die Bezeichnung **»Kopfballungeheuer«** für sich nicht wirklich: **»Ich bin erstens nur 1,86 m groß und zweitens hat das Wort Ungeheuer etwas Negatives an sich. Und ich bin doch nun weiß Gott kein Unmensch!«**

»Ich dachte, es geht um Profifußball und nicht um schöner wohnen.« Wolfsburgs Trainer Willi Reimann ist enttäuscht, dass HSV-Stürmer Valdas Ivanauskas nicht kommt, weil seine Frau nicht in Wolfsburg leben will.

»Ich rate jedem Spieler, mehr Karten zu spielen. Das fordert das strategische Denken und wirkt sich positiv auf die Kreativität auf dem Platz aus.«

(Felix Magath)

Jimmy Hartwig weiß seine Zeit beim FC Homburg richtig einzuschätzen, als er nach dem Unterschied zwischen Homburg und Hamburg befragt wird:

»In Homburg können keine großen Schiffe anlegen, mehr will ich dazu nicht sagen!«

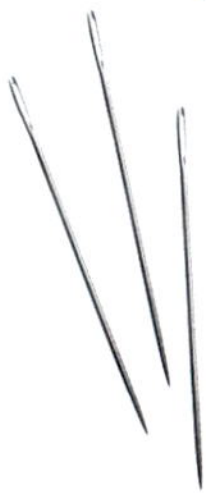

HSV-Trainer Frank Pagelsdorf vertraut am 24. Spieltag der Saison 1997/98 dem Zauberer Jens Strohschein, **der Nadeln hinter das HSV-Tor steckt**. Als Schalkes Charly Neumann von der Aktion Wind bekommt, kontert er mit dem **Verteilen von Glückspfennigen**. Hilft beides nicht viel: Das Endergebnis lautet 1:1. Nur Schalkes Manager **Rudi Assauer hat seinen Spaß.** Trocken meint er zu der Aktion des HSV:

»Hauptsache, von unseren Jungs reißt sich keiner den Hintern auf.«

»Wenn mein Vater da gewesen wäre, hätte sich mein Leben vollkommen anders entwickelt. Viel zielgerichteter. Dann wäre meine Mutter zu Hause gewesen. Ich hätte vernünftig für die Schule gearbeitet, einen **normalen Beruf erlernt und wäre nicht in den Fußball abgedriftet**.«

(Felix Magath)

Starschnitt Dittsche

Pommes-Bräter Ingo, als er Dittsche ein HSV-Kissen als Geschenk überreicht:

»Was sagt man da?«

Dittsche:

»Ja, die stehen jetzt unten drin, da fällt mir auch nix mehr ein.«

»Rene Adler ist ein reiner Titan – **er ist der neue reine Torwart-Titan.**«

HSV-Trainer gesucht 3 0

Matthäus gewinnt Umfrage vor Dittsche

»Er findet den Klub gut. Aber der HSV ist eben sein Verein. Er wollte früher – genauso wie ich – so werden wie Uwe Seeler. Als ich jung war, gab es in Europa nur den einen Mittelstürmer, das war Seeler. Er war mein Idol, und der HSV deswegen mein Verein. So ist es geblieben.«

(Olli Dittrich)

nimmt den Schotter mit, wie er auf der Straße liegt. Es gelingt ihm, einen ganz besonderen Deal auszuhandeln und dafür auch noch eine Lücke zu schließen: **»Ich war der erste Fußballprofi in Deutschland, der ein Toupet trug – dafür gab's damals einen Zweijahres-Werbevertrag, der mit 20.000 Mark dotiert war.«** Doch der breiten Öffentlichkeit bleibt das neue Haarteil verborgen: **»Ich habe mit dem Fiffi ja nur trainiert, nie gespielt. Die Zuschauer grölten dann: ›Ey, Glatze, wo sind deine Haare?‹«** Dörfel leidet unter seinen fehlenden Haaren so sehr, dass er richtig patzig wird, wenn ihn einer zu sehr aufzieht. Dann schlägt er kompromisslos verbal zurück: **»Ich erzähl doch auch keinem, dass du nur einen kleinen Pillermann hast!«** Tragen darf er das Haarteil im Spiel übrigens nicht, weil sein Trainer Georg Knöpfle es ihm verbietet: **»Wenn ein Spieler dem Charly das Toupet aus Versehen vom Kopf reißt, ist es aus mit seinem Selbstvertrauen.«**

Frühes Sammelbild von Gert »Charly« Dörfel

Sammelbild von Georg Knöpfle

Starschnitt
Uli Stein

»Ich bin Einzelkämpfer, nach mir ist nichts mehr. Ich bin der Letzte, bin verantwortlich, mir kann keiner helfen.«

»Das finde ich an den Journalisten so heimtückisch: **Die sagen sich, wenn man zum Interview schon keinen Dummen findet, einen Dümmeren findet man allemal.«**

»Lieber mal die Klappe aufreißen **als mit einer Scheuklappe durchs Leben gehen.«**

»Eigentlich ist es nur die Angst des Tormanns vor dem Elfmeterpfiff.«

Die Saison 1987/88 startet spektakulär. Beim Supercup zwischen Bayern München und dem Hamburger SV (2:1) streckt Keeper Uli Stein den Doppel-Torschützen der Bayern, Jürgen Wegmann, mit einem Faustschlag nieder. Er sieht völlig zu Recht die Rote Karte und wird umgehend vom Hamburger SV entlassen. Die Liga ist geschockt. Die Ausfälle von Uli Stein häufen sich. In einem Leserbrief zitiert ein Fußballfan den Tennisstar Boris Becker. Der hatte einmal über John McEnroe gesagt: **»Ich schätze ihn als Sportler, als Mensch tut er mir leid.«** Man ersetze McEnroe durch Stein.

HSV-Profi **Wolfgang Rolff** ist heiß begehrt. Und eigentlich genießt er diese Bewunderungs-Arien auch, doch eins kann er ganz und gar nicht ausstehen: **»Ich habe nichts gegen Autogrammjäger, wenn sie sich ordentlich anstellen und nicht drängeln. Ich schreibe mich auch durch 30 durch, wenn sie sich anständig benehmen. Ich mag es allerdings nicht, wenn geschubst wird. Da kommst du dann nach Hause und hast Hemd oder T-Shirt vollgekleckert mit allen möglichen Filzstiften. Meine Freundin kriegt dann immer einen halben Anfall, weil sie das Ding wieder saubermachen muss.«**

»Solange unsere zweite Mannschaft noch acht Plätze vor dem FC St. Pauli steht, ist alles gesagt!«

(Bernd Hoffmann)

»Was hilft ein Kracher, **wenn drum herum zehn Pflaumen spielen?**«

(Willi Reimann zur Transferpolitik)

»Er spielt normalerweise für Hamburger.«

(Eine Übersetzerin, als sie den bulgarischen HSV-Spieler Yordan Letchkov vorstellt)

Starschnitt

Kevin Keegan

Keegan und sein Konterfei

Bei seinem **Abschied aus Liverpool** lässt Keegan auf eigene Kosten 100.000-mal ein Foto drucken, das ihn und seine Frau in inniger Umarmung nach dem Gewinn des Europapokals zeigt. Das Bild wird kostenlos an seine Anhänger verteilt. Keegan scheint seine Fans tatsächlich zu achten: **»Kein Kind geht von mir weg, ohne dass es sein Autogramm bekommen hat. Als Kind wartete ich einmal im Regen als Einziger nach einem Spiel auf mein Idol. Keiner war da außer mir. Nach einer halben Stunde kam er und schubste mich zur Seite. Ich habe das nie vergessen. Wir sind doch auch als Erwachsene manchmal noch wie Kinder, nicht?«**

»Diese Entscheidung war meiner Meinung nach **fast zweifellos eindeutig falsch**.«

»Die Brusttasche des Schiedsrichters ist wie ein Toaster. Bei jedem Tackling springt eine Gelbe Karte raus.«

SEGEHA-HAUS
HSV

Gerade erst ist **Paolo Guerrero** nach mehrmaligen vergeblichen Anläufen, in den Flieger zu steigen, aus seinem Heimatland Peru nach Hamburg zurückgekehrt – schon hat er neuen Ärger an der Backe. Wegen seiner Aviophobie (Flugangst) schickten die Hamburger sogar extra einen Betreuer nach Südamerika, um zu erkunden, auf welchen Wegen man den Kicker – außer mit dem Flugzeug – zurück in die Hansestadt bringen könne. Schließlich fliegt er doch und hat offensichtlich Spaß gefunden an Dingen, die fliegen. Nach der Partie seines HSV am 29. Spieltag der Saison 2009/10 zu Hause gegen Hannover 96 (0:0) wirft er eine Plastikflasche nach einem pöbelnden Fan – und trifft. Anschließend muss Guerrero mit einer vereinsinternen Strafe und dem Spott der Internetgemeinde leben:

Der arme Paolo Guerrero war so verzweifelt, dass er zur Flasche griff.

Guerrero trifft in der Nachspielzeit.

Wurde die Flasche, die Paolo Guerrero geworfen hat, eigentlich vorher gefragt, ob sie unter Flugangst leidet?

Zur Strafe bezahlt ihn der HSV bis Vertragsende nur noch mit Bonusmeilen.

Franz Beckenbauer

hat sich ein bisschen verzockt. Eigentlich sollte er die Hauptrolle in der Fernsehserie »Manni, der Libero« spielen – nun übernimmt dies in 13 Folgen der Jungschauspieler Tommi Ohrner. Die Gagenvorstellungen verhindern Beckenbauer als Serienstar und machen aus Thomas Ohrner nach seinem riesigen Erfolg mit »Timm Thaler« einen der begehrtesten Schauspieler Deutschlands.

Nr. 23 2,00 DM
NEUE ILLUSTRIERTE REVUE
SHIRLEY MACLAINE: Ich liebe, wen ich will Seite 102
Kinder in Gefahr
So verseucht sind unsere Spielplätze Seite 18
Was beim Sex alles möglich ist
Tricks, den idealen Partner kennenzulernen Seite 20
ROMY SCHNEIDER
Die Frau, die an sich selbst zerbrach Seite 87
Tolle Fotos einer glanzvollen Nacht
So feierte Franz Beckenbauer seinen Abschied Seite 14

»Ich bin der einzige Österreicher, der seinen **Rucksack vorne trägt**.«

(Buffy Ettmayer über sein Gewichtsproblem)

»Er spielt einfach bäronstark.«

(Der »kicker« über Karsten Bäron)

»Sorin! Das ist ein richtig giftiger Mann da außen! Oder wie Jupp Heynckes sagen würde:

Der hat mucho cojones.«

(Reinhold Beckmann)

»Wir haben verdient gewonnen. **Nein, das war ein Witz. Wir hatten Glück.**«

(Frank Arnesen nach seinem ersten und einzigen Spiel als HSV-Coach)

»Soll ich etwa ein Lagerfeuer im Wohnzimmer machen?«

(Anthony Yeboah auf die Feststellung, er wohne »wie ein deutscher Musterbürger«)

»Nach der Pause haben wir den **Rhythmus verloren**, den wir **vorher nicht gefunden hatten**.«

(Roy Präger)

»Wir müssen jetzt endlich den Arsch hochkriegen und Eier zeigen.«

(Martin Pieckenhagen)

»Früher habe ich die Kugel am Elfmeterpunkt gestoppt, den Torwart gefragt, wie alt er ist und wo er wohnt – und habe sie dann reingeschossen. Das geht nicht mehr.«

(Kurt Jara)

»Für mich ist der HSV schon immer alles, das war mein Leben. Erst Schule und Sport, das war der HSV. Nachher Beruf und Sport, das war auch der HSV. Und jetzt als Passiver auch der HSV. **Der HSV wird immer der HSV bleiben und in meinem Herzen verankert sein.«**

(Uwe Seeler)

Fotoshooting fürs Plattencover des Abschiedslieds für Uwe Seeler. Hinten: Peter Nogly, Manfred Kaltz, Klaus Winkler, Özcan Arkoç, Helmut Sandmann, Rudi Kargus (v.l.); vorne: Günter Selke, Jürgen Kurbjuhn, Caspar Memering, Peter Lübeke, Klaus Zaczyk, Uwe Seeler (v.l.)

»Da hätte ich doch meine **Schwiegermutter umgebracht**, um ein **Gegentor zu verhindern**.«

(Oliver Kreuzer)

»Das entscheide ich am Sonntagvormittag, wenn ich weiß, dass alle gesund und **pünktlich zum Frühstück** erschienen sind.«

(Trainer Willi Reimann auf die Frage nach der Aufstellung im nächsten Spiel, nachdem kurz zuvor zwei Spieler das Abschlusstraining verschlafen hatten)

»Wenn dies das Sieg-Rezept ist, schalte ich schon am Mittwoch die Sprinkleranlage ein, damit am Samstag viel Wasser auf dem Rasen ist.«

(Kurt Jara zu dem vom Dauerregen aufgeweichten Boden nach einem Sieg)

»Auswärts brauchen wir nicht schön zu spielen. **Unsere Trikots sind schön genug.**«

(Dr. Peter Krohn)

Starschnitt Thomas Doll

»Heimat ist nicht die Frage! Ich spiele überall, und mir stehen alle Klubfarben. **Da bin ich gern wie ein Chamäleon.**«

»Wir müssen vor dem Tor einfach **COOLER** sein, einfach **HEISSER**.«

»Die Fans stehen hinter ihm, **wir halten ihm weiter die Stange.**«

(HSV-Fan auf die Frage, wieso Thomas Doll weiter Trainer bleiben solle)

»Zurzeit schießen wir den gegnerischen Torwart berühmt.«

(Nach mehreren Spielen ohne Torerfolg)

»Meiner Tochter sind die Milchzähne ausgefallen. Das war schöner als der eine oder andere Fallrückzieher.«

(Thomas Doll auf die Frage nach dem für ihn wichtigsten Ereignis 2005)

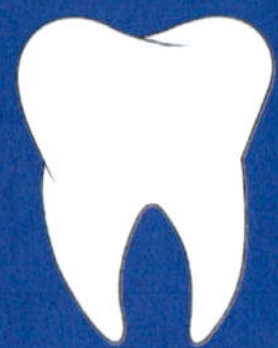

Weisheiten

»Fußball ist heute **nicht nur Technik**, sondern **vor allem Zweikampf**.«

(Anthony Yeboah)

»Wenn Ali mehr nach vorn geht, zieht er den Platz in die Länge.«

(Nico-Jan Hoogma über Jörg Albertz)

»Wenn der Ball im Tor ist, war das immer eine gute Maßnahme.«

(Günter Netzer)

»Wer sich ins Feuer des Profisports stürzt, der kommt nicht unverbrannt wieder heraus.«

(Ernst Happel)

Starschnitt
Willi Schulz

Mit den typischen Ruhrgebietskneipen konnte auch der in Wattenscheid-Günnigfeld aufgewachsene Willi Schulz wenig anfangen. Zwar war er der Sohn eines Gastwirts und am Anfang seiner Karriere selbst Betreiber eines Bierlokals, aber nachdem er 1965 zum hanseatischen Vorzeigeklub gewechselt war, erschienen ihm das ehemalige Leben und die alte Heimat offensichtlich nicht mehr fein genug:

»Weisse, im Pott gehse inne ordinäre Kneipe. Anne Theke stehnse sich die Füße platt und saufen Pils und Korn. Hier abba sitzte schön auffe Wildledersofa und trinks Tschinn und Tonnick.«

»Ein auswärts erzielter Punkt zählt immer.«

Willi Schulz, Uwe Seeler und Peter Nogly entpannen gemeinsam nach der WM in Mexiko im Oktober 1970 auf einem Segelschiff auf der Nordsee. Die Spieler und ihre Familien machten Urlaub auf Helgoland.

»Für das, was ich hier zurzeit leiste, **verdiene ich viel zu viel Geld.**«

(Oliver Bierhoff)

»Fußball gut, alles gut.«

(Anthony Yeboah)

»Wenn du denkst, es geht nicht mehr, kommt von irgendwo 'ne Flanke her.«

(Günter Netzer)

Europapokalsieger 1983: Co-Trainer Aleks Ristic, Felix Magath, Trainer Ernst Happel und Manager Günter Netzer im Hotel mit dem Landesmeisterpokal

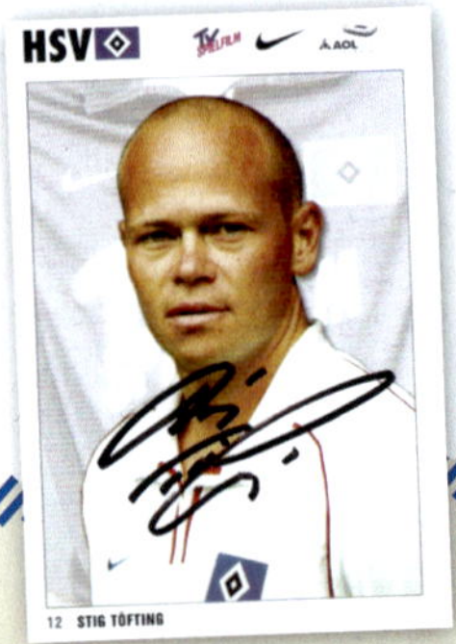

»Wenn wir hier Punkte mitgenommen hätten, wäre das Diebstahl gewesen.«

(Stig Tøfting)

»Fußball ist die Kultur des Mittelstandes.«

(Präsident Jürgen Hunke)

Eigentlich war Klopp lange Zeit beim HSV als kommender Übungsleiter gehandelt worden, doch das scheiterte an einigen kleinen Details, wie Klopp sich im Interview mit der **»Hamburger Morgenpost«** erinnert: **»Die Vorstände Bernd Hoffmann und Katja Kraus wollten mich. Aber der Sportdirektor Didi Beiersdorfer konnte sich einfach nicht entscheiden. Also hatte er einen Scout losgeschickt, damit der wohl mal so guckt, wie ich ausschaue. Und dann war man überrascht, dass ich so aussehe, wie ich aussehe. Da hab ich dann bei Herrn Beiersdorfer angerufen und gesagt: ›Falls ihr noch Interesse habt – ich sage hiermit ab!‹**

Nein, das ging ja gar nicht! Wer in diesem Geschäft arbeitet, der muss wissen, wie ich arbeite. Und dann hieß es noch, ich sei immer nach der Mannschaft auf den Trainingsplatz gekommen, wäre schlecht rasiert und hätte Löcher in den Jeans. Also, diese Beurteilung war echt daneben. Wobei, halt! Das mit dem schlecht rasiert, das stimmte natürlich.«

Georg („Schorsch") Gawliczek, 45, Bundesliga-Trainer des Hamburger SV, gab im Wiesbadener Weinlokal „Bacchus" Proben seiner in Fachkreisen gerühmten Sangeskunst. Der HSV-Stratege erfreute mit Operetten-Melodien rund 20 Fernseh-Leute, die ihn nach einer Sportstudio-Sendung des Zweiten Deutschen Fernsehens zu einem gemeinsamen Umtrunk begleitet hatten.

Trainer Frank Pagelsdorf ist ein Schelm –

und immer noch sauer auf seinen früheren Übungsleiter bei Borussia Dortmund, Timo Konietzka. Als er damals Spieler bei den Schwarz-Gelben war, habe ihn Konietzka nicht mehr aufgestellt, nachdem er ihn kurz nach Anbruch der Bettruhe erwischt hatte, wie er sich vom Kiosk einen »kicker« holen wollte. Das erzählt er knapp zwanzig Jahre später eben diesem Sportmagazin. Eine Version, die Timo Konietzka zum Schmunzeln bringt:

»Wenn es nur der ›kicker‹ gewesen wäre, den er sich damals geholt hat. Dagegen hätte ich ja überhaupt nichts einzuwenden gehabt. Was er wirklich in den Händen hatte, war aber ein Kasten Bier. Und das bei seinen Fitness-Werten. Die waren damals schon schlimm. Im Vergleich dazu macht er ja heute fast einen schlanken Eindruck.«

Das ist ja mal eine nette Verabschiedung unter Berufskollegen: Hamburgs Horst Bertl freut sich nach der Partie auf dem Betzenberg bereits wie wahnsinnig auf das Rückspiel im Volksparkstadion. Seinem Lauterer Gegenspieler Josef Pirrung gibt er zum Abschied noch ganz liebevoll einige freundliche Worte mit auf den Weg:

»Wenn du nach Hamburg kommst, ist dein dritter Beinbruch fällig!«

»Was nützt ein **Geigenspieler** in einem **Blasorchester**. Der Zárate trifft deswegen nicht den richtigen Ton.«

(Werner Hansch über den argentinischen Stürmer Sergio Zárate)

»Was er macht, ist unglaublich. Ich genieße es von hinten.«

(Khalid Boulahrouz während seiner Zeit beim HSV über seinen Mitspieler Rafael van der Vaart)

»Das Angebot von Inter Mailand war so gut, dass meine Mannschaftskameraden gesagt haben: **›Das musst du annehmen. Wir bringen dich mit Blumen zum Flughafen.‹**«

(Uwe Seeler)

»Das wissen nur der liebe Gott und der Trainer. Und mit beiden spreche ich momentan nicht.«

(Dieter Schatzschneider auf die Frage, ob er von Trainer Ernst Happel im nächsten Spiel eingesetzt werde)

»Boah, das ist aber eine fiese Frage. Die kann ich doch nicht beantworten. Nimm die sofort wieder zurück, Mensch.«

(Armin Veh auf die Frage, ob er den Trainer Veh entlassen würde)

»Wir sind **als Fünfter** an **fünfter Stelle** dahinter.«

(Oliver Bierhoff)

»Den Begriff **›GESUNDE HÄRTE‹** – den muss mir mal einer mit Logik erläutern.«

(Uwe Bein)

»Wir brauchen einen **richtig harten Hund**, der uns was **auf die Fresse** gibt.«

(Sergej Barbarez nach der Entlassung von Frank Pagelsdorf zum Anforderungsprofil des neuen Coachs)

»Das Geheimnis des Fußballs ist ja der Ball.«

(Uwe Seeler)

»Der Kopf denkt, der Fuß versenkt.«

(Günter Netzer)

Jörg Heinrich lüftet das Geheimnis unter der Hose von Sergej Barbarez.

»Wer sich die Butter vom Brot nehmen lässt, **muss Wasser saufen.**«

(Jan Furtok)

Die Tragik des Fußballs ist, dass Schönheit nicht immer erfolgreich ist.

(Günter Netzer)

»Dann haben wir am Saisonende wenigstens einen Titel: **UNENTSCHIEDEN-KÖNIG.**«

(Frank Rost nach dem 13. Remis im 27. Saisonspiel)

»Zu Hause bin ich Macho. Da finde ich nicht mal den Knopf der Kaffeemaschine.«

(Kurt Jara)

»Also, ein **normales Foul** ist für mich **nicht unfair.**«

(Uwe Seeler)

»Das war geplanter Mord.«

(Willi Reimann zur Entlassung von Jara beim Hamburger SV)

»**Körperlich** haben wir keine Probleme – **physisch** müssen wir was tun.«

(Egon Coordes, war 1992 für relativ kurze Zeit Trainer des HSV)

»Wenn ich nicht will, lauf ich im Spiel nicht mehr als einen Kilometer, und da ist der Weg von und zu der Kabine schon drin.«

(Jürgen Kurbjuhn)

»Ich kann doch nicht vor jedem Spiel einen Rhetorik-Kurs besuchen.«

(Wolfram Wuttke)

»Ich habe nicht mehr so viele Haare auf dem Kopf, vielleicht ist der Ball drüber-gerutscht.«

(Stefan Beinlich zu einer vergebe-nen Torchance)

Starschnitt
Rafael van der Vaart

Auch abseits des Platzes machte der Neu-HSV-Profi Rafael van der Vaart sofort eine gute Figur. Zusammen mit seiner attraktiven Ehefrau Sylvie kam Glamour in die Hansestadt. Die Hamburger feierten ihre Niederländer abwechselnd als **»Hollands besten Importschlager«**, die **»Holland-Beckhams«** oder auch die **»Nachwuchs-Becks«**. In bunten Geschichten wurde berichtet, dass die Trauung des Fußballstars mit der ehemaligen MTV-Moderatorin, die immerhin fünf Jahre älter als ihr Mann ist, über 1,4 Mio. Niederländer live im TV verfolgt haben. Die Senderechte hatten die van der Vaarts exklusiv verkauft und 380 Gäste zur ihrer Hochzeit eingeladen. Es gab nur ein Problem: Sylvie interessiert sich nicht so für Fußball. Oder wie ihr Mann Rafael gegenüber Journalisten sagte, als sie seiner Frau auch Fragen zu seinem Beruf stellen wollen:

6. Oktober 2012, Wetten, dass..?: Rafael und Sylvie van der Vaart müssen nach verlorener Wette mit dem Fahrrad einen Wohnwagen ziehen.

»Sie können ihr viele Fragen stellen – erwarten Sie bloß keine Antworten.«

»AUF DER ANDEREN SEITE WAR JA BATMAN.«

(Pierre-Michel Lasogga nach seinem Superman-Torjubel als Antwort auf Dortmunds »Batman« Pierre-Emerick Aubameyang)

»DAS WAR EIN GUTER SCHRITT IN DIE RICHTIGE RICHTUNG. ABER WIR DÜRFEN UNS NICHT ZU SEHR IN DEN HIMMEL SCHIESSEN.«

(Mittelfeldspieler Lewis Holtby nach einem 0:0 gegen Bayern München, dem zweiten Punkt im vierten Saisonspiel)

»Match Attax«-Karte der Saison 2015/16

»Wir haben alle unsere Trikots in den Gästeblock geworfen, damit die Fans wenigstens etwas mitnehmen können.«

(Keeper René Adler nach einer 0:4-Niederlage in Leverkusen)

Panini-Sammelbild zur WM 2014

Relegation 2015. Marcelo Diaz schießt den wichtigen Freistoß zum zwischenzeitlichen 1:1 beim KSC. Vor der Ausführung wird Diaz von seinem Kollegen van der Vaart gebeten, den Ball rauszurücken. Der Niederländer: **»Ich schieße!«** Daraufhin schaut Diaz van der Vaart nur kurz an und sagt dann lächelnd: **»Tomorrow, my friend, tomorrow!«**

»Der letzte Spieltag schreibt immer eigene Geschichten, da **hüpfen plötzlich die Frösche** und **fliegen die Finken** wieder.«

(Thorsten Fink vor dem letzten Saisonspiel, als der HSV überraschend noch eine letzte Chance auf die Europa-League-Teilnahme hat)

»Es wird eher ein OSTERHASE als ein WEIHNACHTSMANN.«

(HSV-Chef Bernd Hoffmann zum möglichen Zeitpunkt der Verpflichtung eines neuen Trainers als Nachfolger von Huub Stevens)

»Hätte er die **Mentalität eines Schleswig-Holsteiners**, könnte er ein noch größerer Fußballer werden, als er schon ist.«

(Felix Magath über Rodolfo Esteban Cardoso)

»Das einzige, was er gewonnen hat, war die Seitenwahl.«

(Die »Bild« über Oliver Bierhoff)

»Wir haben bekanntlich morgen kein Training. Deshalb habe ich ihn laufen lassen.«

(Ernst Happel, als er seinen Spieler Caspar Memering 30 Minuten warmlaufen ließ, ohne ihn einzuwechseln)

»Ich habe vorher gesagt, wenn ich heute kein Tor mache, nehme ich mir ein TAXI und **komme nie wieder zurück**.«

(Der Abwehrspieler Khalid Boulahrouz hatte erstmals seit sechseinhalb Jahren ein Bundesligator erzielt.)

HSV-Masseur Hermann Rieger hat einen Nebenjob. Für seine Heimat dichtet er eigene kleine Werbeslogans und trägt sie in die Welt hinaus. Eine Kostprobe: **»Mittenwald ist der Wallfahrtsort der Bundesliga.«** Das Fremdenverkehrsamt ist begeistert und lässt Rieger weiter schwärmen: **»Die halbe Bundesliga hat schon im ›Flösserstüberl‹ gesessen und das bayerische Bier probiert.«** Happel, Matthäus, Stein oder Rummenigge – alle seien dem Charme des Mittenwalds erlegen. Und Rieger? Der plant schon 1987 seine Zeit nach der Bundesliga, natürlich im Mittenwald: **»Vielleicht werde ich dann das Schwimmbad übernehmen und für das körperliche Wohl der Touristen sorgen.«**

»Willi wird das Kind schon schaukeln«: HEINZ ERHARDT und UWE SEELER in einem Film? Das muss eigentlich ein Fest für die Lachmuskeln sein. Doch der letzte Kinostreifen des großen Komikers floppt. Und über den Auftritt des Fußballstars a.D. urteilt man: **»Fast schon peinlich«.** Egal, für Nostalgiker ist der Film ein echtes Highlight!

»0:3 hinten liegen … geht ja gar nicht mehr schlimmer. **Außer 0:4 oder 0:5** …«

(Frank Rost)

»Die meisten Spiele, die 1:0 ausgingen, wurden gewonnen.«

(Günter Netzer)

»Es wäre optimal gewesen, wenn er reingegangen wäre. So ging's völlig in die Hose.«

(Harald Spörl)

»Wir haben die größtanzunehmende **Seuche** in Tateinheit mit **Dummheit**.«

(Bernd Hoffmann)

»Ich gebe nicht gern Exklusiv-Interviews. **Ich habe da immer das Gefühl, ich störe**.«

(Uli Stein)

Nur Minuten nach dem Auftaktspiel der neuen Bundesligasaison gegen Nürnberg ist HSV-Profi Ditmar Jakobs schon wieder schwer mit seinen Nebengeschäften beschäftigt. Oberkörperfrei und nur mit einem Hauch von Nichts unten herum bekleidet, steht er vor der Club-Kabine und erklärt seinem ehemaligen Mitspieler Werner Dreßel ausführlich die Details seiner neuen Lebensversicherung. Über so viel Fleiß wird sich auch sein Geschäftspartner Peter Hidien sehr gefreut haben!

Die Pfunde des Buffy Ettmayer

Hans Ettmayer

Fast das ganze Fußballerleben des Spielers Johann Ettmayer, den alle nur »Buffy« rufen, wird von einem Thema beherrscht: seinem Gewicht. Kein Wunder, denn »Buffy« heißt auf Tschechisch so viel wie **Dickerchen**. Ein Spitzname, den ihm sein ehemaliger Trainer Leopold Stasny verpasst hat. Lange kämpft Ettmayer gegen das Image des behäbigen Profis an, doch irgendwann hat er genug und geht verbal in die Offensive: **»Einen dicken Hintern werde ich immer haben, und mit dem Ruf, dass ich nicht laufen und kämpfen kann, muss ich halt leben.«**

Tschik Cajkovski sagt über ihn:
»Es gibt dicke Spieler, die es können, und dünne, die es nicht können. Ettmayer ist ein Spieler, der einfach spielen muss.«

Hans "Buffy" Ettmayer

»Ich habe keinen Revue-Körper, aber ich kann Fußball spielen. Ich kenne aber viele Spieler, die haben einen Revue-Körper und können's nicht!« Er selbst sieht seine Rolle eh ein bisschen anders: **»Ich bin wohl dazu prädestiniert, eine Show abzuziehen. Doch den ›King‹ will ich gar nicht spielen.«** Und in einem Satz zusammengefasst: **»Ich bin kein Leichtathlet, ich bin ein Fußballer.«**

KEVIN KEEGAN **fliegt bei einem Freundschaftsspiel gegen den VfB Lübeck vom Platz und wird zwei Monate vom DFB gesperrt. Keegans Sicht der Dinge:** »Mein Gegenspieler hat mich mehrmals ungestraft gefoult, und jedes Mal grinste er mich dabei frech an. Ich wusste, dieser Mann wollte mich kaputtmachen. Und da ich vom Schiedsrichter keinerlei Schutz erwarten konnte, stand ich vor der Wahl: Entweder mir von meinem Gegner das Bein brechen zu lassen oder zurückzuschlagen und einen Platzverweis zu riskieren. Ich habe ganz kühl überlegt und dann zweimal zugeschlagen. Lieber zwei Monate Sperre als drei Monate Krankenhaus!« **Ob eine Auswechslung nicht auch eine Lösung gewesen wäre, erwähnt Keegan leider nicht.**

KSC-Spieler Klaus Zaczyk sagt nach dem 0:4 im Heimspiel gegen den HSV staunend:
»Uwe Seeler sprang mit dem Kopf höher als unser Torwart Charly Paul mit den Fäusten.«

»Er hält alles, nur nicht den Mund.«

(Die »Süddeutsche Zeitung« über Uli Stein)

zzzzZZ

»Wenn ich Spieler wäre und er würde mich so ansprechen –
ich würde einschlafen.«
(Udo Lattek über Kurt Jara)

Die teuersten Stars der neuen Bundeslig

Wir holen die Millionen wieder herein

Soviel wurde für einen Spieler der Bundesliga noch nie gezahlt: Über zwei Millionen DM kostete Kevin Joseph Keegan, 26jähriger Stürmerstar des FC Liverpool, seinem neuen Klub Hamburger SV. Schon die ersten Spiele jedoch weckten ein Rieseninteresse für Keegan, der sich gleich nahtlos in die neue Mannschaft einfügte. Beim HSV ist man überzeugt, die Millionen bald zurückzugewinnen. Lesen Sie alles über Kevin Keegan auf den folgenden Seiten.

6

In Hamburg gehen Fußballträume baden, dennoch erklärt der Manager Dr. Krohn Journalisten, wie es läuft:

»Meine Herren, tun Sie doch nicht so, als ob Fußball ein Buch mit sieben Siegeln sei. Wenn man ein paar Mal richtig hinschaut, weiß man doch, wie der Hase läuft!«

HSV-Trainer Michael Oenning wird Anfang der Saison 2010/11 live im Fernsehen von seiner Vergangenheit eingeholt. Im **NDR-»Sportclub«** präsentiert man ihm ohne Vorwarnung ein Video aus dem Jahr 1997. Dort sieht man den Hamburger Übungsleiter in der Sendung **»Herzblatt«** bei Rainhard Fendrich, wie er den **Gigolo im Leoparden-Look** gibt. Oennings Begrüßungsworte vor einem Millionenpublikum lauten: **»Hallo, ich bin der Mad aus Münster.«** Lächelnd und in Weste gekleidet erobert der HSV-Coach gegen zwei Kontrahenten tatsächlich seine Herzdame. Im »Sportclub« plaudert Oenning gut gelaunt ein pikantes Detail aus: Zum Zeitpunkt der Sendung ist er bereits mit seiner heutigen Frau Veronique zusammen. Darum, so Oenning, wäre damals nach der TV-Aufzeichnung natürlich auch nichts mit der eroberten »Herzdame« in Minirock und Pretty-Woman-Sakko gelaufen.

Von Null auf Hundert

Felix Magath schlüpfte schnell in seine neue Rolle beim HSV: Künftig dirigiert er den Klub von seinem Schreibtisch aus. Magath muß praktisch bei Null anfangen. Den Klub auf Tempo 100 zu bringen, ist das erste Ziel. Eine Reportage von Wolfgang Rothenburger

Anfang Oktober 1995 wird Benno Möhlmann beim Hamburger SV entlassen. Zuvor hat er sich in der Kabine noch dazu hinreißen lassen, seinem Spieler **Harald Spörl** vors Schienbein zu treten. Ein grober Verstoß gegen alle Regeln der Fairness. Doch Spörl nimmt die Sache humorvoll. Auf die Frage, ob er nun auch vor seinem neuen Trainer Felix Magath Angst habe, antwortet der HSV-Profi: **»Nee, seit damals trage ich extra dicke Schienbeinschoner – auch in der Kabine!«**

»Eigentlich ist mein eigener Antrieb gar nicht so stark. Ich muss Autorität spüren. **Am besten ist, wenn mir der halbe Schuh von jemandem im Arsch steckt.**«

(Dieter Schatzschneider)

HSV-Torwart JÖRG BUTT *auf dem Weg zum Torschützenkönig der Saison 1999/2000? Manch einer sieht das so. Denn Butt ist Hamburgs Elfmeterschütze Nummer eins. Da der HSV in der letzten Spielzeit 14 Strafstöße zuerkannt bekam, ist es tatsächlich nicht unwahrscheinlich, dass der Keeper in den vorderen Rängen der Torjägerliste landet. Vor allem seine Treffsicherheit ist beeindruckend. In dieser Spielzeit hat Butt neun von zehn Elfmetern verwandelt. Schiedsrichter-Sprecher Manfred Amerell weiß einen möglichen Grund für diese tolle Quote:* **»Wenn es Elfer gibt, ist oft Theater. Da wird reklamiert, man gibt den Ball nicht raus. Und und und. Bis der Butt vorn ist, hat der Schiedsrichter die ganze Sache unter Kontrolle. Er ist der einzige Elfmeterschütze, der kommt, und der Ball liegt schon auf dem Punkt.«** *Am Ende der Saison sagt er:* **»Elfmeterschießen ist wie Zähneputzen, da denkt man nicht nach.«**

Hans-Jörg Butt trifft am 16. Oktober 1999 im Spiel gegen den SC Freiburg im Volksparkstadion per Elfmeter zum 1:0, sein Gegenüber, Richard Golz, stand bis 1998 beim HSV im Tor.

»Der macht nicht mal beim Essen den Mund auf.«

(Franz Beckenbauer über Uwe Bein)

»Es gibt im Fußball eben Wellentäler wie im normalen Leben oder an der Börse.«

(Günter Netzer)

»Der laufstärkste Zuschauer in der BayArena.«

(Das »Hamburger Abendblatt« über Sergej Barbarez)

»Fußball ist ein Leben zwischen zwei Eckpunkten: goldene Beine oder Krampfadern.«

(Präsident Jürgen Hunke)

Beim Nachholspiel des HSV in Rostock (2:0) in der Saison 1995/96 ereignet sich Einmaliges. Trainer Felix Magath wechselt in der 83. Minute seinen Spieler Daniel Stendel aus und dafür den Torwart Holger Hiemann ein. Nun stehen **zwei Torhüter auf dem Platz**. Doch nur für einen Moment. Keeper Nummer eins, Richard Golz, schmeißt die Handschuhe hinter seinen Kasten, entblößt seinen Oberkörper, streift ein Feldspieler-Trikot über und orientiert sich gleich Richtung gegnerischer Strafraum. Aushilfsstürmer Golz: **»Der Trainer hat mich am Tag vor dem Spiel gefragt, ob ich es mache. Leider konnte ich in den knapp zehn Minuten nicht so viel zeigen.«** Weil der HSV über eine lange Verletztenliste klagt, hatten die Hamburger beim DFB beantragt, drei Amateure einsetzen zu dürfen. Dies wurde dem HSV verweigert. **Die Aktion ist deshalb ein stiller Protest von Coach Felix Magath gegenüber dem DFB**.

Was für eine Meisterfeier in Hamburg in der Saison 1981/82. Der englische Doppeldeckerbus erweist sich als altersschwach und will nicht anspringen. Als er dann endlich fährt, wirft ihn gleich die erste Anhöhe aus der Bahn. Hilft ja alles nichts: also, alle HSV-Profis raus, das Gefährt anschieben. Doch nach wenigen Metern ist klar, hier geht nichts mehr. Ein Traktor tuckert zu Hilfe und zieht den Bus durch die Straßen. Ernst Happel gewohnt argumentativ trocken: **»Hätten wir während der Saison auch immer solche Schwierigkeiten gehabt, wieder übern Berg zu kommen, wären wir jetzt nie Meister!«** Und als dann auch noch die Ampeln plötzlich zu tief hängen und ein besorgter Polizist die Profis warnt, meint Horst Hrubesch nur: **»Keine Angst, die köpf ich alle weg!«** Da stört es am Ende auch nicht mehr, dass einige Jacketts nach einem Eier-Bewurf von Punkern geopfert werden müssen. Eins der Eier bekommt Hrubesch auch noch direkt vor die Stirn. Seine Mannschaftskollegen grinsen: **»Mensch, Horst, jetzt ist aber auch mal gut. Du musst doch nicht alles mit dem Kopf nehmen.«** Nur einer lächelt den ganzen Tag komplett gelassen vor sich hin: Franz Beckenbauer. **»Ich bin schon oft Meister geworden in meinem Leben, da genießt man das mehr innerlich!«**

Frage an Ernst Happel:

»Warum schauen Sie eigentlich immer so grimmig?«

Antwort:

»Bei dem Job, da hams nix zum Lachen.«

Europapokalsieger der Landesmeister 1983
Hamburger Sport-Verein e.V.
DEUTSCHER POKALSIEGER 1963·1976
DEUTSCHER MEISTER 1922·1923 1928·1960 1979·1982
EUROPA POKALSIEGER 1977

Bei Hamburgs 2:1-Niederlage in Bremen stößt den HSV-Akteuren vor allem das Agieren eines Linienrichters auf. Frank Schmöller ist vom Fähnchenschwenken des Mannes in Schwarz nicht wirklich begeistert:

»Du kannst doch nur Flugzeuge einwinken.«

Jo Geistler, Ex-Manager und Ehemann von Gitte Haenning und in der Künstlerbranche nur »Der Magier« genannt, ist begeistert: **»Wenn die Botschaft, besser die Message stimmt, dann wird die Platte ein Knaller. Und hier kommt die Message voll rüber!«** Wovon Geistler so angetan ist? Vom Song **»Vom HSV, da bin ich Fan von«**. Textprobe gefällig?

»Vom HSV, da bin ich Fan von,
da steh ich stundenlang im Stadion.
Und macht der Ivan einmal Ding-Dong,
dann lauf ich splitternackt nach Hongkong.
Mir ist egal, wo der HSV spielt,
nur wichtig, dass ich pünktlich in der Fankurve steh'.
Und spielen meine Jungs auch in Amerika,
bin ich schon lange vor der Mannschaft da.
Thomas von Heesen legt los wie ein Stier,
und über mir, da flattert das Toilettenpapier.
Der Schiri auf dem Rasen ist mal wieder blind.
Das war ein Foul, das sieht jedes Kind!«

VERGRÖSSERN
Größeres Bild (mit Zoom)

Hurra, der HSV ist wieder da
Die Fans vom HSV
11. Mai 2012
Schreiben Sie die erste Bewertung

EUR 2,97 (Alle Preisangaben inkl. MwSt.)

Es ist immer schön, gute Fans zu haben. Hamburgs Carsten Kober hat einen echten Bewunderer seiner Kunst gefunden. Beim Heimspiel gegen Saarbrücken (2:0) hat sein Anhänger ein T-Shirt mit einem Foto und der Aufschrift »Master of Grätsche« an. Das steht vorne. Hinten prangt groß die Frage: »Wer ist Deutschlands bester Abwehrspieler? Helmer, Kohler oder Kreuzer?« Ein fettes **»Nein«** steht hinter den Namen. Die Antwort ist etwas weiter unten notiert und lautet natürlich: Carsten Kober!

»Wir müssen das Turnier noch mal
Paroli laufen lassen.«

(Horst Hrubesch)

»Erst die späte Anreise, **dann die weißen Trikots**, in denen wir noch nicht gewonnen haben. **Eigentlich konnte das nur schiefgehen.«**

(Armin Veh)

Nach einer 4:0-Niederlage beim HSV zeigt sich Club-Trainer Rudi Kröner ernüchtert-euphorisch:
»Wir haben heute die Bundesliga um ein neues System bereichert: Vorne zumachen, hinten aufmachen!«

Starschnitt
Richard Golz

»Glück für Golz, Ball am Holz.
Aluminium hätte sich hier nicht gereimt.«

(Markus Höhner)

»Jede Minute eines neunteiligen Tanzkurses.«

*(Auf die Frage nach dem **peinlichsten Moment seines Lebens**)*

»Wir haben hier schon öfter gut gespielt und nix geholt.
Es wird Zeit, dass das Stadion ABGERISSEN wird.«

(Nachdem er auch im letzten Spiel im Münchner Olympiastadion verloren hatte)

»Ja klar. Wenn die **A-3-Nationalmannschaft** noch eingeführt wird.«

(Zu seinen Hoffnungen auf Einsätze in der Nationalelf)

»Wir haben mit einem Mann weniger gespielt – ohne Torwart.«

»Sergej Kirjakow.«

(Auf die Frage nach seinem Lieblingsschauspieler; für die Jüngeren: Sergej Kirjakow spielte lange für den KSC in der Bundesliga,anschließend sogar noch für den HSV.)

»Wir sind **nicht** ins Spiel **reingekommen, durchschnittlich dringeblieben** und **schlecht** hinten **rausgekommen.**«

»Unheimlich nicht, aber unheimlich schön.«

(Auf die Frage, ob ihm die 474 Minuten ohne Gegentor nicht allmählich unheimlich würden)

»Ich habe nie an unserer Chancenlosigkeit gezweifelt.«

»Praktisch sind unsere Chancen jetzt besser als theoretisch.«

Homestory bei Richard Golz (1996)

Als **BUFFY ETTMAYER** in dieser schwierigen Zeit um das Jahr 1975 herum plötzlich nicht mehr regelmäßig spielt, mault er: »Ich will nicht auf die Bank, das kann ich auch auf meinem Balkon.« Ettmayer will seinen **Spaß beim Fußball** haben. In Hamburg lässt er einmal seinen Trainer in die Lüfte steigen. Als Kuno Klötzer gerade auf der Massagebank liegt, stemmt Buffy sie samt Coach nach oben. Sein Kommentar: »Sehen Sie, Trainer, wie gut ich zurecht bin?« Und als Klötzer das nicht recht einsehen will, lässt Ettmayer die Luft aus Klötzers Fahrradreifen und klaut ihm die Fahrradpumpe. Der Trainer muss nach Hause laufen.

Einheitslook: Die Reservespieler des HSV schützen sich mit Sonnenhüten. Von links: Özcan Arkoç, Hans-Jürgen Sperlich, »Buffy« Ettmayer, Horst Bertl und Präsident Dr. Peter Krohn.

Hamburgs Felix Magath ist eigentlich gar nicht als großer Bier-Freund bekannt, aber die Pointe will er sich dann doch nicht entgehen lassen. Nach der wenig berauschenden Schiedsrichterleistung von Winfried Walz aus Waiblingen in Mönchengladbach sagt Magath: **»Hopfen und Walz – Gott erhalt's!«** Viele lachen, der Chefankläger Kindermann leider nicht: **»Da hört bei mir die Gemütlichkeit auf, ich werde mich um den Fall kümmern!«**

Ich mache jetzt erst einmal einen Leber-Ausdauertest.

(Dieter Schatzschneider auf die Frage eines Reporters, wie er sich denn fit halte)

»Pitroipa. Was ein Ding! Wenn mir letzte Saison einer gesagt hätte: ›Der kann schießen‹, da hätte ich gesagt: ›Sein Bruder vielleicht.‹«

(Marcel Reif über Jonathan Pitroipa)

Er sieht sehr gut aus. Da ist ein Kuss nicht so schlecht.

(So begründet HSV-Sportchef Frank Arnesen wilde Umarmungen auf der Bank mit Thorsten Fink.)

Thorsten Fink trägt Maskottchen Dino Hermann huckepack.

»Unser Trainer erzählt immer, dass seine 82-jährige Oma mehr Tore schießen würde als wir. Langsam glaube ich es ihm.«

(Richard Golz)

Die dänischen Leute lieben den geradlinigen Stil von **Stig Tøfting**.
Mit ihm gibt es kein Kino und keine Fürze.

(Jan Mølby, dänischer Spieler und Trainer)

»Ich habe mich gefühlt wie ein
Kronleuchter.
Ich hing in der Luft.«

(Mladen Petric)

„Das ist alles so spannend! **Über die Medien habe ich sogar schon mein Gehalt erfahren. Meine Zukunft ist gesichert.«**

(Horst Hrubesch zu den Gerüchten über eine Beschäftigung beim Hamburger SV)

»Mit Spielern **rede ich nicht**, mit Spielern **operiere ich**.«

(Ernst Happel)

Dr. Krohn – Tr. Gutendorf

Die aktuelle Saison ist noch gar nicht beendet, da kündigt HSV-Manager Dr. Peter Krohn bereits den neuen Trainer **Rudi Gutendorf** an. **»Wir Exzentriker werden die Fußballwelt verblüffen!«** Und der HSV-Manager freut sich schon sehr auf Gutendorf: »Dann spielen wir **Fußball total**.« Rudi Gutendorf selbst hat auch schon Pläne: **»Vielleicht bringe ich den Spielern als Erstes Spanisch bei. Aber im Ernst: Solche Dinge wie damals in Schalke kann man nicht zweimal machen. Ich bin auch nicht mehr der junge Springinsfeld, der krampfhaft nach neuen Gags sucht.«**

»Letzte Woche war ich noch ein Meerschweinchen, jetzt sehe ich aus wie eine Sau. Der Grund: Ich habe 200 Gramm zugenommen.«

(Buffy Ettmayer)

Nicht attraktiv, aber innovativ

war der Flitzer, der in der Saisonvorbereitung 2009 den FC St. Pauli bei einem Spiel in Göttingen gegen eine Stadtauswahl beehrte. Leider war der gute Mann augenscheinlich kein Anhänger des Kiezklubs. Sein Idol: Uwe Seeler. Und so hatte sich der Flitzer dick und fett **»HSV«** auf sein Hinterteil und in einem grell leuchtenden Rot-Ton **»Uwe Seeler«** auf seinen entblößten Rücken geschrieben. Auf seinem Bauch verbreitete er die Botschaft: **»Brot für die Welt«**. Begeistert verfolgten Spieler, Betreuer und Fans des FC St. Pauli, wie der Nackedei rasend schnell über den Platz lief und dabei sogar einen Kopfstand vollführte. Erst vor der Bank der Hamburger verlangsamte er die Geschwindigkeit. Dann ließ er sich mit hoch gereckten Armen jubelnd nieder und für seine Spaßeinlage feiern.

Nicht schön, aber kreativ: Flitzer beim Testspiel des FC St. Pauli in Göttingen

Der Kampf in der Bundesliga um die guten Tabellenplätze wird härter. Bei der Partie der Braunschweiger Eintracht gegen den Hamburger SV am 26. Spieltag wird der HSV-Abwehrrecke Jürgen Kurbjuhn bereits in der 24. Minute vom Platz verwiesen. Er hatte Lothar Ulsaß so brachial umgetreten, dass dieser sich zweimal überschlägt und hinterher ungläubig ob so viel roher Gewalt staunt, dass bei ihm alles heil geblieben ist: **»Ich dachte, das Schienbein sei durch!«** Auch Kurbjuhn staunt – über sich selbst: **»Mir muss die Sicherung durchgebrannt sein!«**

»Jörg Albertz wird beim Training vom Kreidewagen überholt.«

(Uwe Bahn)

»Das wird alles hochkristallisiert.«

(René Adler)

»Wenn sich der Gegner hinten etwas entblößt, ist es einfacher für unsere schnellen Jungs.«

(Uwe Seeler)

Zur Halbserie der Saison 1982/83 grantelt HSV-Trainer Ernst Happel trotz eines 6:2-Siegs gegen Schalke:

»Heute Herbstmeister, morgen Hausmeister. Dafür kann ich mir nichts kaufen.«

»Tennis kann man länger spielen als Fußball. Diese Sportart hat den Vorzug, dass hinter einem niemand steht, der einen foult.«

(Uwe Seeler)

Hamburgs ehemaliger Manager Dr. Peter Krohn feiert in der ARD mit seiner Sendung »Superschuss« Premiere. Den Zuschauern wird ein buntes Programm rund ums runde Leder geboten: So muss beispielsweise Bremens Keeper Dieter Burdenski gegen eine Torschussmaschine antreten. Da sie falsch eingestellt ist, lässt sie ihm jedoch kaum eine Chance, einen Ball zu parieren. Zwischendurch intoniert eine Bundeswehr-Bigband schmissige Lieder, und Schlagersänger Tony Marshall verpasst seine Einsätze beim Playback. Werbung für den Fußball sieht anders aus. In einem Leserbrief schreibt ein gewisser Klaus O. aus St. Wendel:

„Ich fand mich passabel, aber verbesserungsfähig", urteilte Peter Krohn nach der Auftakt-Sendung der Fußball-Show „Superschuß". Der nunmehrige PR-Manager einer Münchner Agentur hat natürlich auch nichts gegen publicityträchtige TV-Auftritte zukünftig einzuwenden.

Peter Krohn, der macht das schon!

. . . sagt nicht nur seine Ehefrau über das „Show-Greenhorn", den vormaligen Manager des HSV, der als TV-Showmaster Furore macht!

Ein äußerst zwiespältiges Echo hatte der „Superschuß", die neue ARD-Show mit Dr. Peter Krohn, dem früheren HSV-Manager. Doch wer konnte dies bei Krohn auch schon anders erwarten? An dem Manne scheiden sich nun eben die Geister. „Von himmelhoch jauchzend bis zu Tode betrübt", beschreibt Hans-Bernhard Theopold, der zuständige Redakteur des Saarländischen Rundfunks, die Reaktionen der Zuschauer und Kritiker.

»Ein weiser Mann hat einmal gesagt: Zwei Dinge sollte man den Fachleuten überlassen, die Prostitution und die Nationalökonomie. Er hat Krohn nicht gekannt, sonst hätte er eine dritte Variante hinzugefügt.«

In Hamburg tobt ein seltsamer Kampf. Ein gewisser Gyula Pasztor gibt sich als Manager von Kevin Keegan aus und sagt: »KEEGAN IST SEELISCH ERLEDIGT!« Warum das so ist, weiß er genau zu schildern:

»Zebec, der jugoslawische Trainer, hat ihn vor der Mannschaft und der Öffentlichkeit bis auf die Knochen blamiert, ihn in der Ehre verletzt. 1974 wurde Kevin auf dem Flughafen in Belgrad **von jugoslawischen Polizisten blutig geschlagen**. Keegan schwor daraufhin, nie mehr nach Jugoslawien zu fahren. Seit Zebec das weiß, ist Kevin bei ihm unten durch!« **Die Story stimmt sogar, doch hätte der Manager vielleicht dazu sagen sollen, dass sich Keegan und seine Nationalmannschaftskollegen damals in Jugoslawien alles andere als gentlemanlike aufgeführt hatten. Als ihnen langweilig wurde, sprangen sie auf das Gepäckband und führten wilde Tänze auf, die erst durch den beherzten Einsatz von einem Dutzend Polizisten unterbunden werden konnten.**

Auch Kevin Keegan muss im Dezember 1978 beim Schneeräumen mit anpacken.

»Keine Angst, im Himmel wird auch Fußball gespielt.«

(Uwe Seeler)

»Ernst Happel ist ein großer Trainer. Der kann den **Charakter eines Spielers am Arsch erkennen**. Das kann ich noch nicht.«

(Helmut Schulte)

»Zé fehlt mir im Mittelfeld. Wir müssen sehen, dass wir zwei aus ihm machen.«

(Armin Veh)

Felix Magath mit Ehefrau Stefanie, den Töchtern Victoria (vorn) und Janina und dem Bobtail

»Volkert hatte eine Leistungszerrung.«

(Özcan Arkoç)

»Ich habe geraucht, gesoffen, Karten gespielt. Alles, was man als Fußballer so macht!«

(Felix Magath über seinen früheren Lebenswandel)

Nach dem verlorenen Europapokalfinale in Madrid gegen Nottingham Forrest säuft die Mannschaft des HSV entgegen dem Verbot des Trainers bis morgens um sechs an der Bar. Magath danach: **»Endlich sind wir eine richtige Mannschaft.«** Und Kaltz: **»Wir sind die beste Thekenmannschaft Deutschlands.«** Ob er in Hamburg nach der Rückkehr ein Training mache, wird Zebec von Journalisten gefragt und sagt: **»Nein, mit Betrunkenen trainiere ich nicht.«** Kaltz: **»Wenn wir jedes Mal nicht trainiert hätten, wenn Herr Zebec gerade mal voll war, dann wären wir im letzten Jahr so gut wie nie zur Arbeit gekommen.«** Im Dezember wird er entlassen. Hrubesch über Zebec: **»Er redet eine ganze Nacht mit jemandem, ist freundlich, offen und witzig. Am nächsten Tag grüßt er den gleichen Mann kaum noch.«**

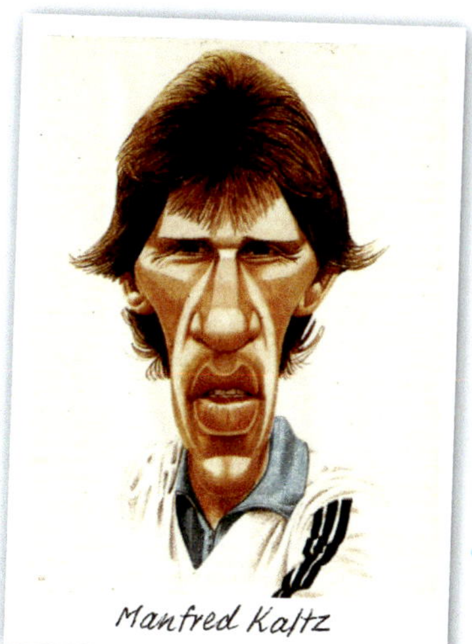

»Jetzt kommt es darauf an, dass wir die entscheidenden Punkte **gegen den Nicht-Abstieg** sammeln!«

(Roy Präger)

»Das Verhältnis von Wirtschaftlichkeit und Verletzungsgefahr stimmt einfach nicht.«

(Frank Pagelsdorf ***über Hallenfußball****)*

»Der benimmt sich wie auf der Jagd und rennt wie ein **wild gewordener Handfeger** über den Platz.«

(Frank Neubarth über Bernd Hollerbach)

»Geben Sie mir heute **nicht** die **Note 6**. Ich habe **nicht gespielt**.«

(Vahid Hashemian)

»Ich sage nur ein Wort: **Vielen Dank!**«

(Horst Hrubesch)

Verschiedene Autogrammkarten von Jan Furtok

»Jemand sollte Jan Furtok mal die polnische Übersetzung der Memoiren Casanovas schenken, da steht nämlich drin, wie man **seine Chancen** nutzt!«

(Joachim Böttcher)

»Die meisten von uns trinken **Fanta** und **Cola** und gehen um **neun Uhr ins Bett.**«

(Frank Rost über den Charakter seiner Teamkollegen)

»Das war ein typisches 0:0-Spiel.«

(Harald Spörl nach einer 1:2-Niederlage)

»Sind Sie wirklich **so cool**? Es wirkt, als könnten Sie **Eiswürfel urinieren.**«

(DSF-Moderator Frank Buschmann nach einem Sieg zu Kurt Jara, der ihm vorerst den Job sicherte)

Das schlampige Genie: Wolfram Wuttke

»Immer, wenn ich breit bin, werde ich spitz.«

»Das Schlimme für mich sind **nicht die Spiele**, **sondern die Zeit**, die ich inzwischen brauche, um mich von diesen Spielen zu erholen.«

Saison 1987/88 Nr. 4 4. September 1987 C 6892 D

HSV journal

2,– DM

Heute gegen Kaiserslautern – mit Wuttke!

Ob der Rettungsring Wolfram Wuttke heute gegen den HSV hilft? In zwei Stunden sind wir schlauer. Wuttke war von 1983 – 1985 beim HSV, wurde danach Spielmacher der Elf vom Betzenberg.

Wie gut sind die „Roten Teufel" wirklich?

Bruno Labbadia – was er den Fans zu sagen hat

Telefonieren Sie mit Manfred Kastl!

Dietmar Beiersdorfer – so wohnt er

Auf drei Super-Seiten: Riesen-Tabellen, alle HSV-Spiele

Ein Stürmer ohne Fantasie ist wie ein Tier ohne Instinkt.

»Es kommt wieder die Zeit, da kriegen meine Kritiker keinen Tropfen Tinte mehr in ihren Füller.«

»Gar nicht so unübel, was der Ernst Happel über mich gesagt hat: ›**Zauberer am Ball, Gassenjunge im Kopf**‹.«

»Dann Wolfram Wuttke. **Schuhgröße 38**. Aber in diesen krummen Zwergenfüßen steckt so viel Gefühl.«

(Jörg Dahlmann)

»Ich muss erst abwarten, wie er drauf ist. Vielleicht hat er sich eine **Gehirnzerrung** zugezogen.«

(Peter Neururer)

»Der Wuttke ist heute Genie **und morgen** Wurschtl.**«**

(Ernst Happel)

»Weißkrautsalat.«

(Auf die beliebte Frage nach dem »Was macht eigentlich …?« am Telefon)

Wolfram Wuttke im Nationaltrikot mit seiner Ehefrau Renate (1984)

Die Titelverteidiger aus Hamburg haben vor der Saison 1983/84 versucht, das Team zu verjüngen. Manager Netzer verpflichtete für Lars Bastrup den Schalker Wolfram Wuttke und als Hrubesch-Ersatz einen jungen Mann namens Dieter Schatzschneider. Dass dieser kein einfacher Typ ist, weiß man. Die Worte seines Ex-Trainers bei Fortuna Köln klingen eindeutig: **»Dieter Schatzschneider ist einer der miesesten Typen, die mir in meiner Trainerlaufbahn jemals untergekommen sind. Er ist amoralisch und undiszipliniert.«** Dem HSV kündigt er sich so an: **»Kommt Zeit, kommt Dieter!«** Doch das Verjüngungsexperiment misslingt. Beide Neuzugänge werden von großen Teilen der Mannschaft nicht akzeptiert und wirken häufig wie Fremdkörper im HSV-Team. Vor allem für Dieter Schatzschneider ist der Zug schnell abgefahren – und das wohl völlig zu Recht. Während eines Spiels kritisiert Felix Magath Schatzschneider einige Male, woraufhin der Stürmer Magath anblafft: **»Halt endlich dein Maul!«** Abwehrrecke Jakobs eilt von hinten herbei und seinem Freund zu Hilfe: **»Wenn du das noch einmal zu Felix sagst …«**. Schatzschneider schnäuzt nur kurz vor Jakobs auf den Boden und sagt dann: **»Und du hältst auch endlich dein Maul!«** Fortan ist die Stimmung im Eimer.

»Trainer Pagelsdorf hat mir in einem Gespräch versichert, dass wir **nicht absteigen**.«

(Udo Bandow, Vorsitzender des Aufsichtsrats, vertraut Frank Pagelsdorf blind.)

»Wenn mich Berti Vogts jetzt anrufen würde, dann doch nur, um mir **›Frohe Weihnachten‹** zu wünschen. Was denn sonst?«

(Marinus Bester)

»Von Bierhoff halte ich nichts. Ob der jetzt mal ein Spiel gut spielt oder schlecht, das ist mir egal. Das ist ein Stürmer, der immer nur hofft, dass ihm **der Ball auf den Kopf** kommt.«

(Gerd Müller)

»Der wirkte auf mich bisher wie ein **Bahnhof ohne Gleisanschluss**.«

(Werner Hansch über Bernardo Romeo)

Starschnitt
Erik Meijer

»Ich war nicht damit einverstanden, dass der Schiedsrichter gegen uns einen Freistoß gegeben hat. Da habe ich ihn einen **›Mixer mit W‹** genannt. **Ich glaube, das war ziemlich dumm …«**

(Über eine Rote Karte)

»Wir haben drei Eier im Sack, das ist alles.«

»Es ist nichts **scheißer** als Platz zwei.«

»Nichts ist schöner als gegen die **Scheiß-Holländer** zu gewinnen.«

»Der springt beim Kopfball vier Meter hoch. Doch zum Glück weiß er da oben nicht mehr, wo das Tor steht.«

(Bernd Krauss)

Erik Meijer, Sergej Barbarez und Jörg Albertz stoßen an.

Starschnitt
Hans-Jörg Butt

»Ich versuche alles, aber Bierhoff, Preetz und Kirsten treffen einfach öfter.«
(Auf der Jagd nach der Torjäger-Kanone)

»Die 100 Meter sind so anstrengend für mich, da kann ich gar nicht großartig nachdenken.«
(Auf die Frage, was in ihm vorgeht, wenn er zum Elfmeterschießen antritt)

Wenn Erfahrung viel zählen würde, müsste noch immer Sepp Maier im Tor stehen.
(Hans-Jörg Butt)

»Butt, Butt, Butt ging's wieder gut.«
(Kommentator Markus Höhner)

»Neues vom HSV und Neues von Hans-Jörg Butt, dem Torjäger, der einfach zu wenige Treffer aus dem laufenden Spiel heraus schießt!«
(Michael Pfad, nachdem Torwart Butt bereits den siebten Elfmeter in einer Saison verwandelt hatte)

»Ich hoffe, Torschützenkönig zu werden.«
(Nach seinem 20. verwandelten Elfmeter)

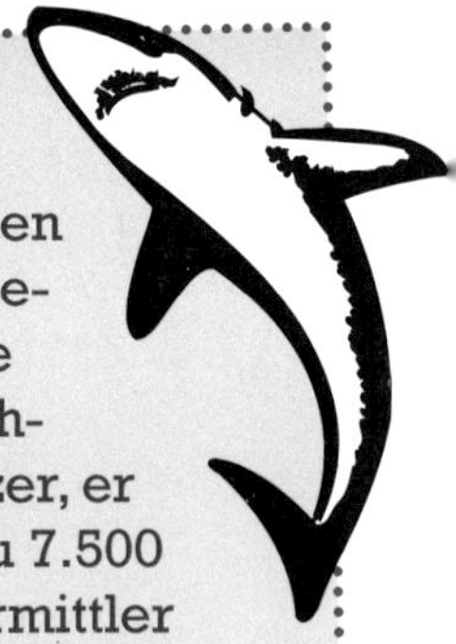

Neben dem Platz verändert sich Keegan eines Tages von einem gutmütigen, netten Burschen zu einem echten Geldhai, wie sich Spielerberater Holger Klemme erinnert: »Er hat eine prägende Erfahrung gemacht: Ein in Süddeutschland ansässiger Spielervermittler bekniete Netzer, er möge ihm Keegan für eine Autogrammstunde zu 7.500 Mark besorgen. Keegan fuhr hin. Der Spielervermittler präsentierte ihn in einem Kaufhaus, dann in einer weiteren Filiale, dann noch einer, dann bei einem vierten Termin und spät am Abend noch bei einem Tanzwettbewerb in einer Disko. Nun kam Keegan erfreut nach Hamburg zurück und verkündete freudig, er habe fünfmal 7.500 Mark an dem Tag verdient. Er irrte sich, denn der Vermittler überwies schließlich nur einmal die 7.500 Mark, hatte aber wohl selbst fünfmal kassiert. Von da ab änderte sich Keegan zu einem richtigen Geldhai. Er sagte immer nur: **›So ist Deutschland! Wenn ich eines Tages wieder nach England zurückkehre, dann die Taschen so voll mit Geld, bis sie durchbrechen.‹«**

Beim HSV ist sich Kapitän Peter Nogly **für nichts zu schade.** Als Nachwuchsprofi Buca das erste Mal auflaufen darf, sorgt sich Nogly liebevoll um den flatterigen Brasilianer: **»Er klopfte mir beruhigend auf die Schulter und band mir sogar die Fußballstiefel zu, weil ich zu nervös war.«**

»Die höchste Position in unserem Leben ist immer Gott. **Dicker, für die Stadt Hamburg bist du ein Gott.«**

(Franz Beckenbauer fände Seeler als HSV-Präsidenten klasse.)

»Das ist gefühlt mehr als vor einem Jahr der dritte Platz. Ich werde mir **richtig einen hinter die Birne kippen**, um das letzte Jahr zu vergessen.«

(Bernd Hoffmann nach dem Erreichen eines UI-Cup-Platzes)

»Eher würde eine Hella von Sinnen mannstoll als aus dem Polen ein erfolgreicher Stürmer.«

(Der »kicker« über Richard Cyron)

»In der 90. Minute im letzten Bundesligaspiel gibt es kein Abseits.«

(Dietmar Beiersdorfer zum 3:2-Sieg des HSV in Frankfurt am 34. Spieltag der Saison 2008/09)

»Der Uwe ist ein Schatz. Ich weiß nicht, ob es einen perfekten Menschen gibt. Den Papst vielleicht. Aber dann kommt gleich Uwe Seeler.«

(Franz Beckenbauer)

»Ich sehe es am Hintern, ob einer das Letzte bringt.«

(Ernst Happel)

»Am besten, wenn ich zu Hause bin.«

(Richard Golz in den frühen handylosen Neunzigern auf die Frage, wann man ihn telefonisch erreichen könne)

Kaiser Franz ist zurück.

Für den Hamburger SV kickt er in der Saison 1980/81 wieder in der Bundesliga. Einer ist nicht so begeistert von diesem Plan. Die überlieferte Reaktion von Beckenbauers Manager Robert Schwan, als ihm der Ex-Nationalspieler verkündet, er möchte gerne wieder nach Deutschland zurückkehren: **»Franz, du spinnst!«** Doch die Fans freuen sich. Beckenbauer wird beim ersten Training von 5.000 Kiebitzen empfangen. Mitspieler Manni Kaltz ist tief beeindruckt vom Auflauf der Zaungucker: **»Sonst gehen sie zu dieser Zeit immer zu Hagenbeck!«** Doch das Engagement Beckenbauers beim Hamburger SV kostet natürlich eine Stange Geld. Und so schießt der HSV-Sponsor einen großen Teil des Gehalts bei. Beckenbauers Gegenleistung: Bis zu acht Tage im Monat steht er für Jugendaktionen zur Verfügung. Sein Debüt feiert er bei der 3:2-Niederlage in Stuttgart am 14. Spieltag. Die Nachrichtenagentur »Reuters« tickert: **»Am Tag, als der Papst nach Deutschland kam, kehrte der Kaiser in die Bundesliga zurück!«** Und Beckenbauer selbst nach seinem ersten Spiel: **»Als ich die Pfiffe hörte, da wusste ich, ich bin daheim.«**

Starschnitt

Horst Hrubesch

»Der konnte gar nicht geradeaus laufen, aber Flanken hat der mit dem Kopf aus zwanzig Metern reingehauen.«

(Manni Burgsmüller über Horst Hrubesch)

Der Hrubesch wird der erste Spieler in der Bundesliga sein, dem es gelingt, einen Freistoß aus 30 Metern mit dem Kopf zu verwandeln.

(Bayern-Torwart Sepp Maier)

»Ich habe noch nie einen Spieler, den ich haben wollte, so gejagt wie Hrubesch. Manchmal bin ich in der Nacht aufgewacht und habe **›Hrubesch‹** geschrien.«

(HSV-Manager Günter Netzer)

»Wie heißt der eigentlich? Rehbusch oder so?«

(Willi Lippens, während der gemeinsamen Zeit bei Rot-Weiss Essen)

»Der Lange steht nur im Weg!«

(Manni Burgsmüller über Horst Hrubesch)

»Wenn wir alle Spiele gewinnen, können wir Weltmeister werden!«

(Vor der WM 1982 zu den Aussichten der deutschen Elf)

»Horst Hrubesch sah ja auch an besseren Tagen nach dem Aufstehen so aus, als ob er sich mit einer **Bratpfanne ins Gesicht gehauen hat.«**

(Oliver Welke)

Horst Hrubesch tauft ein Löwenbaby auf den Namen Hotti.

»Man soll nicht gleich eine **Mauer** machen um das Spielerhotel. Aber ein paar **Ziegel** sollte man immer dabeihaben.«

(Ernst Happel)

»Interpretieren Sie, wie Sie wollen. **Aber bitte richtig**.«

(Egon Coordes)

»Wenn bei mir zu Hause die Tür ins Schloss fällt und wir haben verloren, weiß meine Frau, was sie zu tun hat.«

(Kurt Jara)

»Eine Persönlichkeit im Fußball erweist sich auf dem Platz – und nur dort und nirgendwo anders.«

(Günter Netzer)

»Ich habe keine Lust, immer der einzige **Idiot** zu sein, der einen **Fehler** zugibt. Deswegen mache ich es heute auch nicht.«

(Dietmar Beiersdorfer)

»Wir haben Daniel klargemacht, dass er sehr gern in Hamburg ist!«

(Bernd Hoffmann über Daniel van Buyten)

Saison 1969/70:

Der Hamburger SV gewinnt zu Hause gegen Rot-Weiß Oberhausen mit 2:1. Zweifacher Torschütze und überragender Mann des Spiels ist **Uwe Seeler**. Gästecoach Adi Preißler ist voll des Lobes über den alternden Herrn des HSV: »Wenn ich meine jungen Spieler betrachte und diesen Uwe Seeler, verstehe ich die Fußballwelt nicht mehr. Seeler ist 34. Er sprang höher als alle anderen. Er schießt mehr. Er läuft sie alle tot. Er spornt in den letzten Minuten seine Leute an. Ich weiß nicht, wie er es macht. **Ein toller Bursche**!«

Bayern München – Hamburger SV (13. März 1971): Begrüßung der Mannschaftskapitäne Uwe Seeler und Franz Beckenbauer

Ein Journalist wusste einmal **geradezu Unglaubliches** über den begnadeten Fußballer **Werner »Eia« Krämer** zu berichten. So soll der HSV-Linksaußen kurz vor der Weltmeisterschaft 1966 in England einen **heftigen Disput** mit Bundestrainer Helmut Schön gehabt haben. Inhalt der lautstarken Unterredung war **Krämers üppiger Gerstensaftkonsum**. Nach Meinung Schöns fiel dieser für einen Profi doch etwas zu intensiv aus. Völlig geschockt kam der Spieler nach dem Gespräch aus der Kabine, öffnete erst einmal ein schönes Pülleken Bier zur Beruhigung und trat dann, ohne weiter über die Konsequenzen nachzudenken, dem Bundestrainer erneut unter die Augen: **»Wenn Sie so mit mir sprechen, Trainer, dann fahr ich lieber nach Hause. Denn dat Biertrinken, dat können Sie mir nicht nehmen!«** Helmut Schön blieb danach gar nichts anderes übrig, als den Torjäger aus dem Aufgebot für die Weltmeisterschaft in England zu streichen. Eine wahrhaft tragische Geschichte!

Hätte sich der Bundestrainer zuvor jedoch auch nur ein einziges Mal bei Krämers Fußballlehrer Hermann Eppenhoff erkundigt, so hätte dieser ihm sicherlich die **herrlich einfache Wahrheit** ebenso nüchtern präsentiert wie einige Jahre später dem Bochumer Journalisten: **»Wenn du dem ›Eia‹ das Bier nimmst, dann nimmst du ihm das Können.«**

Werner »Eia« Krämer im Gespräch mit Uwe Seeler

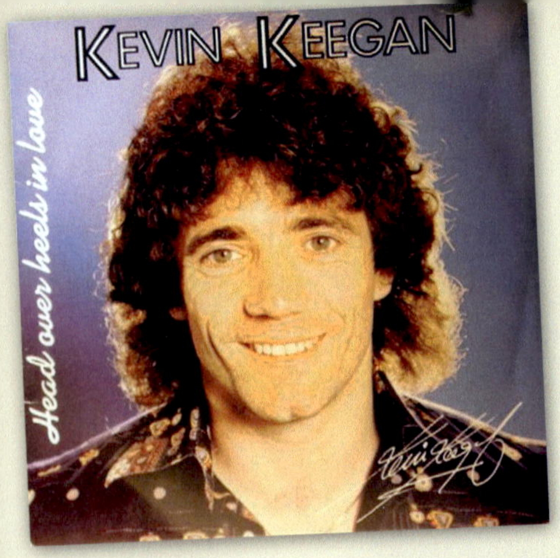

Kevin Keegans Schallplatte **»Head over Heels in Love«** verkauft sich europaweit schnell über 400.000-mal. Für einen HSV-Sponsor schlüpft der Engländer in die Rolle des **»Super-Kevin«** – ein Comic-Held, der für sparsamen Energieverbrauch kämpft. **Gage hierfür: »Weniger als der Kino-Superman Christopher Reeve bekommen hat!«** Meint der Sponsor. Und vergisst zu erwähnen, dass der Filmheld über eine halbe Million Mark kassierte.

Was für ein harter Hund der HSV-Veteran Ditmar Jakobs ist, beweist auch dieses Zitat von ihm höchstpersönlich: »**Bei mir hat der Schönheitschirurg schon ein Abonnement!**«

»Der HSV ist keine Thekenmannschaft.«

(Fabian Ernst über das Leistungsvermögen seines Ex-Klubs)

Die erste Halbzeit in Athen – da habe ich die Arme verschränkt und hab' gedacht: **Es gibt nichts Schöneres**. In einer Kirche ist es auch nicht schöner.

(Ernst Happel)

Saison 1977/78:

In Hamburg setzt das Gartenbauamt vor dem Spiel gegen die Bayern ein neues Streumittel mit dem schönen Namen »Lava-Grus« ein, um den Rasen durchlässiger zu machen. Die Folge: Schürfwunden und Verbrennungen. Oder wie es Peter Hidien ausdrückt: **»Bei den meisten ist an irgendeiner Stelle die Tapete ab!«**

Peter Hidien beim Fotoshooting

»Ich könnte mir auch einen Trainerwechsel vorstellen.«

(Willi Reimann auf die Frage, ob er sich nach einem schweren Patzer einen Torwartwechsel vorstellen könne)

»Ich weiß nicht, ob er hier Verwandte hat. Ich habe ihn seit einem Jahr nicht mehr gesehen.«

(Reiner Calmund zu den Gerüchten, Frank Pagelsdorf sei zu Verhandlungen in Leverkusen gewesen)

1

Autogrammkarten von Frank Pagelsdorf, links aus seiner Zeit als HSV-Trainer, rechts aus den 1980ern, als er bei Arminia Bielefeld spielte.

»Eigentlich hätte der Arzt noch zehn andere Spieler mitnehmen müssen.«

(Kurt Jara, nachdem einer seiner Spieler auf der Trage aus dem Stadion gebracht worden war)

»Das Fliegen liegt mir nicht, in jeder Hinsicht!«

(Rudi Kargus mag weder das Show-Gehopse anderer Torhüter noch setzt er sich gerne in ein Flugzeug.)

1991 gibt es eine bemerkenswerte Situation in der ersten Liga. **Thomas Stratos** vom Hamburger SV **steht seinem zukünftigen Schwiegervater**, Manfred Führer, **auf dem Platz gegenüber**. Doch Führer ist nicht etwa ein gegnerischer Spieler, nein, der gute Mann leitet das Spiel als Schiedsrichter. Als man Johannes Malka, den Schiedsrichter-Ausschuss-Vorsitzenden, zu diesem Fall befragt, antwortet dieser etwas irritiert mit einer Gegenfrage: »**Was soll man dazu sagen?**«

»Wenn der dich massiert, bist du ein ganz neuer Mensch!«

(Gerd Müller über Hermann Rieger)

»Wenn man nur die Boulevard-Presse liest, vergisst man das eine oder andere Gedicht.«

(Frank Rost erklärt einem Reporter einen »Zauberlehrling«-Vergleich eine Woche zuvor.)

»Prozentual sind die Genies im Fußball weniger geworden. Viele haben schon irgendein Gebrechen, technisch gesehen.«

(Ernst Happel)

kicker
fußball magazin
HSV in Angst: Wer nur noch siegt, geht vor die Hunde
Herbert Waas auf dem Weg, ein Großer zu werden: Ein Talent für alle Fälle
So geriet Frankfurt in Bedrängnis: Verraten, verkauft
Bayern Münchens neuer Millionen-Star Sören Lerby: Ich will kein neuer Breitner sein
SUPER-WENDEPOSTER: Meister Hamburger SV und sein Star Jimmy Hartwig

»Seid ihr **schlechte Mannschaft**, aber habt Glück: Habt ihr jetzt **guten Trainer**.«

(Aleksandar Ristic)

»Man muss feststellen, dass der Spruch auch nicht mehr stimmt, dass der Schütze nicht selber schießen soll. Ich stelle fest, dass der Schütze sehr wohl den Elfmeter selber schießt.«

(Günter Netzer)

Günter Netzer

Wir müssen wieder Spitze werden

Vom Spiellenker zum Spieldenker: Günter Netzer, Neu-Manager des HSV

Der lange Blonde hat ein Faible für Schwarz. Ob Fernsehstar Iris Berben (Foto) deshalb ganz in Schwarz neben Netzer saß? Links: Verträge überprüfen — eine der ersten Netzer-Aufgaben. Re.: Orientierung über den HSV.

Der Mann, der nach Krohn kam, wußte, daß er ein schweres Erbe übernehmen würde. Der Mann, der nach Krohn kam, hieß Günter Netzer. Unbestritten auch ein eigenwilliger Typ, doch keiner, der nur seinen Namen ins Rampenlicht stellen will. Diese Zeit hat er längst — als Aktiver — hinter sich. Er spricht die Sprache der Fußballer, die er zu betreuen hat

Bei der Partie des HSV in Dortmund (2:2) am 29. Spieltag der Saison 1979/80 kann die gesamte Fernsehnation sehen, was längst jeder weiß: Der Hamburger Trainer **Branko Zebec** hat ein Alkoholproblem. Völlig abwesend verfolgt der volltrunkene Zebec die erste Halbzeit auf der Bank des Westfalenstadions. In der zweiten Hälfte bleibt sein Platz leer. HSV-Präsident und Anwalt Dr. Wolfgang Klein wählt seine Worte mit Bedacht, und dennoch benutzt er erstmals bewusst und öffentlich das Wort »Alkohol« in seiner Stellungnahme: »**Es ist bekannt, dass Herr Zebec seit Langem unter einer Erkrankung der Bauchspeicheldrüse leidet. Deshalb ist jeder Tropfen Alkohol für ihn besonders schädlich**.« Da er am Freitag die Hinfahrt im Bus verpasst hat, ist Zebec im Leihwagen dem Team gefolgt. In der Nacht stoppt ihn die Polizei in der Nähe der Autobahnausfahrt Ascheberg bei Münster und behält seinen Führerschein sofort an Ort und Stelle ein. Die **Blutprobe** ergibt einen **Promillewert von 3,25**.

Trainer Branko Zebec schläft auf der Trainerbank seinen Rausch aus.

Starschnitt
Ernst Happel

»**Mein erster Trainerlehrer hat zu mir gesagt:** ›Keine Angst, Ernstl! Bei näherer Betrachtung schrumpft so mancher **wilde Stier** auf ein **harmloses Öchslein** zusammen.‹«

»**Spezialisten** des Fußballs sind nur bedingt einsetzbar. Das beunruhigt mich. **Dilettanten** sind überall einsetzbar. Das beruhigt mich.«

»Wenn man seiner Meinung mal richtig nachgeht, trifft man meist auf eine bessere.«

»Wichtig war für mich, wie ein Verein geführt ist. Je weniger im Vorstand, umso besser. Sind es 18, habe ich sowieso kein Interesse.«

18

»Für mich hat sich **alles** gelohnt, und ich bereue **nichts**.«

»Spielst Manndeckung, dann hast elf Esel auf dem Platz.«

»Ich möchte nicht, dass der Fußball mein Hobby ist. Da bliebe mir ja viel zu wenig Zeit zum Briefmarkensammeln!«

»Meine schlaflosesten Nächte habe ich jeden Sonnabendnachmittag am Spielfeldrand.«

»Angst steht bei mir in keinem Lexikon.«

»Ein guter Mittelfeldspieler hat **Augen im Rücken**, das ist das ganze Geheimnis.«

»**Ich bin** kein Freund der Spieler. **Ich arbeite auf Distanz.**«

Anfang der Saison 2005/06 feiern sie in Hamburg ihren neuen Star. Der Niederländer Rafael van der Vaart begeistert nicht nur die Fans. HSV-Torwart Stefan Wächter: **»Der kleine Holländer? Der ist ganz gut, ne?!«** Die Hamburger starten mit sechs Siegen und zwei Unentschieden in die Spielzeit. Das ist der beste Saisonauftakt einer HSV-Mannschaft in der Bundesliga überhaupt. Auch Trainer Thomas Doll ist ein Anhänger von van der Vaart. Als der Niederländer beim 3:0-Sieg in Kaiserslautern ein Tor mit rechts und eines mit links erzielt und anschließend auch noch ein weiteres mit einem Traumpass vorbereitet, herzt ihn der HSV-Coach innig und ruft ihm begeistert mit einem Klaps auf den Po zu: **»Ist das geil, Junge!«** Innerhalb kürzester Zeit gehen 6.000 Trikots mit van der Vaarts Namen über den Ladentisch – ebenfalls Rekord in Hamburg. Viele Größen sind schnell ausverkauft!

»Wir bräuchten einen, der hinten den Ball raushaut, im Mittelfeld den entscheidenden Pass spielt und ihn vorne ins Tor schießt.«

(Willi Reimann auf die Frage, welcher Spieler helfen würde)

»Ich mache mir Gedanken, wie ich die Mannschaft vor dem Spiel wecken kann. Vielleicht sage ich dem Busfahrer, er muss vor einem Auswärtsspiel **gegen eine Mauer** fahren.«

(Kurt Jara zu den Auswärtsleistungen des Hamburger SV)

Das Leben fängt an, wo Fußball aufhört.

(Günter Netzer)

»Es hat mal einer geschrieben, der Fußball geht tot. Er geht nicht tot. Er ist nur nicht mehr so schön. Die Vorbilder fehlen.«

(Ernst Happel)

ERNST HAPPEL

»Vielleicht dürfen wir nicht so einen langen Mittagsschlaf machen.«

(Kurt Jara zum verschlafenen Spielbeginn)

»Du kannst den englischen nicht mit dem deutschen Fußball vergleichen. Sie sind wie Omelett und Müsli.«

(Erik Meijer, nachdem er von Liverpool zum Hamburger SV gewechselt war)

»Wollen Sie Interview machen oder Fragen stellen?«

(Aleksandar Ristic)

Jimmy Hartwig trifft 1977 die TV-Stars Dietmar Schönherr und Vivi Bach: »Wir traten gemeinsam in einer Münchner Talkshow auf und er sagte mir anschließend, dass ich ein wirklich sympathischer Junge sei. So etwas richtet einen natürlich auf und nachher – als wir gemeinsam essen gingen und die Leute herblickten – bin ich fast geplatzt vor Stolz, neben einem solch prominenten Menschen sitzen zu dürfen.«

»Manchmal geht ein Stürmer an mir vorbei, manchmal geht auch der Ball an mir vorbei – aber nie beide gleichzeitig!«

(Bernd Hollerbach)

Kargus-Look mit den langen Hosen wie aus Großvaters Zeiten: »Erstens sind sie bequem und zweitens will ich nicht verleugnen, dass sie mir bei meinen langen Beinen besser stehen.«

Mit dem neuen HSV-Trainer Josip Skoblar kommt auch Mladen Pralija in die Hansestadt. **Ein »Fliegenfänger« vor dem Herrn**, wie die Fans ihn schnell bezeichnen. Trotz eines 5:1-Siegs gegen Kaiserslautern ist der Trainer des kommenden Gegners im Europapokal, Michel Clement von Avenir Beggen aus Luxemburg, entsetzt: »Gegen uns mag es mit dem Torwart noch gehen. Wenn der HSV aber die nächste Runde erreichen sollte, werden sie mit dem Jungen Schwierigkeiten bekommen. Ich kann nicht verstehen, dass ein Spitzenklub wie der HSV auf so einen **schlimmen Torwart** setzen kann.« Und Paul Breitner ringt um Fassung: »Kein Wunder, dass dem Jakobs die Muffe geht. Mit dieser **Praline im Tor** spielt kein Abwehrrecke sicher.«

Starschnitt
Jimmy Hartwig

»Der Rudi kann nur parzetieren von den Vereinen.«

»Der Mut ist die Hoffnung des Gedankens.«

»Keine Ahnung. Wahrscheinlich habe ich gerade **eine Alte gebumst**!«

(Auf die Frage, wo er denn gewesen sei, als das Sparwasser-Tor fiel)

»Als ich in die Pubertät kam und ich selbst anfing, meinen Körper zu erkunden, wurde es besonders schwierig. Wenn einmal alle – Mutter, Oma, Opa, Onkel Werner und Onkel Karl-Heinz – aus dem Hause waren, onanierte ich unter der Bettdecke, und nicht selten musste ich aufhören, wenn es am schönsten war. Weil ich hörte, wie sich ein Schlüssel in der Haustür drehte. Gelang es mir nicht, rechtzeitig abzustoppen, gab es großes Geschrei: **›Ihhhgitt, du aal' Sau, bäh, des is' ja eegelhaft, des mescht man net! Des mescht ja Flegge‹**, schrie meine Mutter angewidert. Und **batsch**, polierte sie mir die Glatze, wie man bei uns sagte.«

(Aus: Jimmy Hartwig: »Ich möcht' noch so viel tun …«)

Vor dem Spiel des HSV gegen Nürnberg (Saison 1982/83, 3:0) nimmt sich Schiri Wolf-Dieter Ahlenfelder Jimmy Hartwig mal ordentlich zur Brust: **»Aufpassen, heute, aufpassen!«** Was war passiert? Jimmy Hartwig hatte bei der Präsentation seiner neuen Platte »Ich bin immer zu früh« in der ZDF-Hitparade die deutschen Schiedsrichter als **»Chaoten«** bezeichnet. Treuherzig versichert Hartwig dem fröhlichen Ahli: **»Ich habe nicht gesagt, dass alle Schiedsrichter Chaoten wären!«** Das will ihm Ahlenfelder dann auch gerne glauben!

von seinen Tanz-Einlagen nach Torerfolgen des HSV hat er auch schon zwei Platten besungen: Die eine heißt „Mama Calypso" und wurde bereits über 70 000mal verkauft und die zweite trägt den beziehungsreichen Titel: „Ich bin immer zu früh". Mal sehen, ob Ernst Happel ihm die Scheibe vorspielt, wenn er mal zu spät zum Training kommt. Denn die B-Seite heißt: „Ich geh' zur Disco . . ."

»Gern streife ich bis zum frühen Morgen durch Nachtbars, schleppe aber dabei nie wahllos, sondern nur gezielt ab. Trotzdem bin ich glücklich verheiratet.**«**

Das Image von Willi Reimann ist beim HSV nicht das Beste. Was also machen? Charity natürlich. Und so verspricht der Stürmer vor der Saison 1976/77 großzügig, dass er **nach jedem schlechten Spiel** (das sollte Trainer Kuno Klötzer entscheiden) **500 Mark an die »Krebshilfe« spenden** würde. Nach vielen miserablen Auftritten Reimanns denkt man sich in der Hansestadt, dass da wenigstens eine tüchtige Summe zusammen»gekrampft« sein würde. Doch dem ist nicht so. Nur ein einziges Mal sind 500 Mark geflossen. Bereits zur Halbserie wurde die Aktion stillschweigend beendet. Imagemäßig ein Totalflopp für Willi Reimann!

Willi Reimann

»**Wir** sind ein Team, aber es gibt nur einen, der alle Fäden in der Hand hält: **ich**.«

(Uwe Seeler)

»Für die Jungen lasse ich mir den Schädel einschlagen!«

(Trainer Günter Mahlmann)

1. Jungmannen 1952/53, hinten von links: Herbert Broockmüller, Jürgen Werner, Nietsche, Uwe Reuter, Örgel, Gerd Krug, Uwe Seeler, Horst Michalke, Trainer Günther Mahlmann, vorne von links: Klaus Freese, Lührs, Wagner

»Jedes Brautpaar steht am Hochzeitstag vor der Frage: Und wo wird gefeiert? Für uns kein Thema. Die Frage war schnell beantwortet. Wer in einem Sportverein zu Hause ist, der feiert auch zu Hause in seinem Sportverein. Also zog der ganze Tross in die ›Burg‹, wie wir unser HSV-Klubheim nannten. Eine hanseatische Villa mit altertümlichen Türmchen, Ecke Rothenbaumchaussee/Hallerstraße. Die Feier war typisch für uns und die damalige Zeit. Nichts Aufgesetztes, keine gekauften Stimmungsmacher. Es gab ein paar kernige Botschaften von ›Vaddern‹ und Günther Mahlmann fürs spätere Leben, dann Tanzmusik, eine riesige Marzipantorte und reichlich Gerstensaft. Meine Mannschaftskameraden präsentierten sich in Topform bis zum frühen Morgen.«

(Aus: Uwe Seeler: »Danke, Fußball! Mein Leben.« Aufgezeichnet von Roman Köster)

Paul Hauenschild (Ehrenpräsident des Klubs) gratuliert Uwe und Ilka Seeler zur Hochzeit (18. Februar 1952).

Uwe Seeler mit Ehefrau Ilka und den Töchtern Kerstin (l.), Helle (Mitte) und Frauke

Starschnitt
Manfred Kaltz

»Ich kann leider keine **5-Liter-Flasche** Shampoo auftreiben. Die soll er nämlich von der Mannschaft kriegen. Damit er sich nicht ständig bei uns bedienen muss. **Kaltz kommt grundsätzlich ohne Shampoo**.«

(Thomas von Heesen)

»Bild«: **»Willi Schulz hat Ihnen bescheinigt, dass Sie kein Libero wären, wie ihn die Nationalelf braucht.«** Kaltz: **»Hat er das?«**
»Bild«: **»Man kann nicht bestreiten, dass er ein Fachmann ist.«** Kaltz: **»Ist er das?«**

»Auf das, was die Presse schreibt, kannste dir ein Ei backen.«

»Na, bitte!«

(Seine Reaktion auf die Einladung zur Nationalmannschaft)

»Dann müssen aber mindestens 300 in den letzten Tagen gestorben sein.«

(Österreichs Kurt Jara, nachdem Kaltz gesagt hatte, er würde sich zu den ***drei besten Verteidigern*** *zählen)*

»Kaltz ist unsere größte Hoffnung.«

(Österreichs Walter Schachner hält nicht viel von dem Deutschen)

»**Steif wie ein Stock** ist er gewesen, der Kaltz, **der Herr Weltklasse-Libero**. Zweimal hab ich geschwänzelt, und dann war ich an ihm vorbei.«
(Hans Krankl)

Willi Schulz, mit dem er sich bei Länderspielen das Zimmer teilte, sagte einmal: »Der Manni sagt selten etwas. Doch gut zuhören kann er.« **Kaltz daraufhin trocken:** »Ich rede schon, aber nur wenn mir die Gesprächspartner gefallen.«

Kaltz und Beckenbauer im Schwimmbad

Einen »lustigen Vogel« nennen die ehemaligen Mitspieler ihren schnellen Dänen Lars Bastrup und erinnern sich mit Schrecken an den größten HSV-Triumph in der Vereinsgeschichte. **Beim Sieg des Europapokals der Landesmeister in Athen 1983 gegen Juventus Turin hatte Claudio Gentile Bastrup mit einem Ellenbogenschlag den Kiefer gebrochen – absichtlich.** Der damalige Manager des Hamburger SV, Günter Netzer, erinnert sich: **»Bastrup und Gentile wurden zum Dopingtest ausgelost, das fand ich unglaublich. Und dann saßen die beiden also in einem engen Raum, und Lars wollte auf den Italiener los, er konnte sich überhaupt nicht beruhigen. Er verstand nicht, dass ein Spieler seinem Gegenspieler so etwas Brutales antun kann. Ich stand zwischen den beiden und versuchte zu schlichten, aber das war sehr schwierig.«** Stunden später saß Bastrup auf der Siegesfeier und trank mit schmerzverzerrtem Gesicht Champagner aus einer Schnabeltasse.

Der etwas andere Profi wollte dänischen Journalisten vor einem Länderspiel schon einmal »aus Gerechtigkeitssinn« kein Interview geben, weil er festgestellt hatte, dass die heimischen Medien über die im Ausland aktiven Spieler viel zu positiv berichteten. Wobei das Anderssein nicht in allen Bereichen stark ausgeprägt war. Günter Netzer wunderte sich, wie hartnäckig Bastrup in Gehaltsfragen sein konnte: **»Du bist Kommunist und willst so viel Geld?«** Woraufhin Bastrup gewitzt antwortete: **»Ich nutze jede Gelegenheit, um dem Kapitalismus zu schaden.«**

Deutscher Meister 1982: Lars Bastrup, Jimmy Hartwig und Ditmar Jakobs (von links)

»Ich habe mich schon **verbessert**, wir sind nun **Vorletzter** – das ist **meine Aura**.«

(Thorsten Fink nach einem eher verhaltenen Start mit dem HSV)

Da sieht man, dass die Torwächter in all den Jahren mit den Feldspielern nicht mitgewachsen sind.

(Günter Netzer)

»Ja gut, **wenn man dreimal hintereinander verliert, dann hat man dreimal verloren** und null Punkte.«

(Frank Rost)

Autogrammkarte der Saison 1999/2000

»Auffe Bank sitzen is **scheiße**, da tut dir der **Arsch** weh.«

(Roy Präger)

Starschnitt
Uwe Seeler

Eberhard von Wiese (»Hamburger Abendblatt«):
»Wo bleibt der Schlager von Uwe, gegen den kein Theodor gewachsen ist? Man hat die Beine der Marlene besungen. Auf, ihr Texter: **Bedichtet jetzt die Beine des Mittelstürmers** Uwe Seeler! Die müsste man haben …«

»Ein Mittelstürmer verbringt die meiste Zeit seines Lebens im Strafraum.«

»Ich bin dafür, jetzt erst mal mit der **Relation** im Dorf zu bleiben.«

»Wir stehen mit dem Rücken nicht mehr an der Wand, sondern in der Wand.«

»Die Werte hab ich von **meinen Eltern** mitbekommen. **Besonders von meinem Vater und meiner Mutter.**«

Als der Wechsel von **Willi Schulz** zum HSV bekannt wird, machten sich die Schalker Anhänger zu Dutzenden auf den Weg nach Wattenscheid-Günnigfeld, zur Kneipe ihres rechten Außenläufers. Dort angekommen, setzen sie sich **demonstrativ mit der aufgeschlagenen Zeitungsmeldung über den Transfer** auf die Stühle in und vor der Gaststätte. Doch **anstatt ihr Bier an Ort und Stelle zu ordern, gehen die Fans immer wieder geschlossen hinüber auf die andere Straßenseite zu einer Trinkhalle** und versorgen sich dort in rauen Mengen mit den benötigten Getränken. Mit der flüssigen Nahrung in der Hand machen sie es sich nun, wie gewohnt, in den Räumlichkeiten ihres Idols breit und freuen sich diebisch über ihre gelungene Aktion. Man **jubelt**, **tanzt** und **singt** einen Schalker Evergreen nach dem nächsten. Von überall her strömen die Leute herbei, erwerben ihre Getränke in der gegenüberliegenden Trinkhalle und **feiern ein riesiges Fest**. Doch der Neu-Hamburger und ausgebuffte Geschäftsmann Schulz reagiert überraschend gelassen. Fröhlich pfeifend zählt er gerade die üppigen Tageseinnahmen. Denn über den Kneipenboykott der Schalker kann er nur müde lächeln: **»Dat is mich egal. Die Trinkhalle gehört doch auch mir.«**

Starschnitt
Ernst Happel

»Wie ich höre, hat Max Merkel mich als **Nationaltrainer** Österreichs vorgeschlagen. Ich mache es nur, wenn ich den Merkel als **Zeugwart** bekomme.«

Hansi Müller zu Ernst Happel: **»Trainer, wir müssen miteinander reden.«**
Happels Antwort: **»Wann's red'n wollen, müssen's Staubsaugervertreter werden. Ich brauche nur Fußballer.«**

»Bei der Umwelt bin ich froh, dass ich schon 67 Joar worden bin.«

»Mein Anspruch: Die Spieler müssen 90 Minuten arbeiten, laufen. Und ich verlange Disziplin. **Wir brauchen Spieler von bestimmtem Format:** 80 Prozent Hirn, 20 Prozent Technik. **Heute sind es** oft 20 Prozent Hirn ohne Technik.**«**

»Gott? Was ist Gott? Viele Menschen, die Säufer beispielsweise, die glauben an die Schnapsflaschen. Das ist ihr lieber Gott.«

»Es sind immer die kleinen Rechthabereien, die eine große Liebe zerstören.«

»Haut's eich in Schnee!«
(Während einer Pressekonferenz zu den Reportern; steht auf und geht)

»Da stimmte das Verhältnis Arbeit / Schnaps.«
(Horst Hrubesch)

»Da schau her, wie der Magath läuft, wie eine **Kuh**.«

(Franz Beckenbauer)

»Dann werde ich wohl meinen Pass wieder rauskramen müssen.«

(Willi Reimann zur Stürmernot)

»Ich bin froh, dass der Hässlichere gewonnen hat.«

(Kurt Jara zur Bemerkung von Mönchengladbachs Coach Hans Meyer: ***»Kurt, alle Kameras waren vor dem Spiel auf dich gerichtet. So schön bist du doch gar nicht.«****)*

»70 Prozent ist bei mir nur Glück.«

(Roy Präger über die Art und Weise, wie er Tore schießt)

»Jeder Spieler hat seine Dienste in den Dienst der Mannschaft zu stellen.«

(Günter Netzer)

»Der beste Fußballer in der ganzen Familie war im Grunde meine Schwester Purzel.«

(Uwe Seeler)

Der Mann kann vom runden Ledersport nicht lassen: Der Ex-Manager vom HSV, Dr. Krohn, plant eine **Fußball-Rock-Oper**. Es soll um den »**Aufstieg eines Liverpooler Fußballjungen**« gehen. Moment, da war doch was? Genau. Krohn: »**Deshalb wäre es gut, wenn wir mit unserem Stück fertig wären, solange Kevin in Deutschland spielt.**« Wir? Ja ja, denn niemand Geringeres als Udo Lindenberg soll die Noten liefern. Krohn: »**Den Text habe ich auch schon so gut wie fertig. Die Schwierigkeit ist nur, dass der Udo Lindenberg sehr beschäftigt ist und noch nicht dazu gekommen ist, die Musik zu schreiben.**« Vielleicht eine Aufgabe für den erfolgreichen HSV-Sänger Kevin Keegan selbst?

Komiker Otto Waalkes überreicht Kevin Keegan die Goldenen Schallplatten.

»Vielleicht kann ich besser Zwillinge zeugen als Trainer entlassen.«

(Bernd Hoffmann zu den Begleitumständen der Trennung von Coach Kurt Jara; die Ehefrau des HSV-Vorstandsvorsitzenden erwartet zum zweiten Mal Zwillinge.)

Beim Transfer von Horst Hrubesch zum Hamburger SV legt Klemme ein erstes Meisterstück hin. 14 Tage muss er den Essener bei sich verstecken, weil das »Kopfballungeheuer« zwar mit Hamburgs Manager Günter Netzer einig ist, er sich aber von RWE zu einem Wechsel nach Frankfurt überreden hat lassen. Als alles zusammenbricht, taucht Hrubesch unter und Klemme auf. Es geht hin und her. Am Ende erhält Frankfurt eine Ablöse, der HSV muss eine Geldstrafe bezahlen, und Hrubesch wechselt – wie vorgesehen und mündlich vereinbart – in die Hansestadt. Klemme über diese Tage: »**Der Günter Netzer hat damals nur noch von Tabletten gelebt!**« Der Spielerberater grinst und genießt den Coup.

Horst Hrubesch noch zu Essener Zeiten

Nein, nein, kein **Sex**!

(Nigel de Jong auf die Frage, ob er am Abend noch ***Sekt*** *trinken wird)*

»Schicksalsspiele haben wir 34 am Stück in der Saison.«

(Frank Pagelsdorf über die Bedeutung des nächsten Heimspiels)

»Es interessiert nicht, woher die Jungs kommen – für mich sind das alles **Hamburger Jungs**.«

(Huub Stevens)

»Der Mann der 1.000 Hände.«

(Uwe Seeler über Torwart Horst Schnoor)

Obere Reihe (von links): Trainer Schneider, Hellfritz, Gerd Dörfel, Bähre, Willi Schulz, Horst, Hans Schulz, Bernd Dörfel, Kurbjuhn, May, Dieckmann, Strauß, Uwe Seeler
Untere Reihe (von links): Sandmann, Pohlschmidt, Schnoor, Schwerin, Giesemann, Löffler

Aufregung in Hamburg:

Die Mitspieler von Buffy Ettmayer haben angeblich bereits die Nase voll von ihm. Nach einer 1:0-Niederlage in München kritisieren sie den beleibten HSV-Stürmer und das eigene Publikum, das den Österreicher frenetisch feiert, hinter vorgehaltener Hand: »**Das sind die Leute, die nicht sehen, dass der Mann auswärts neun von zehn Zweikämpfen verliert, sondern nur den einen schönen, dabei aber nutzlosen Pass bejubeln.**«

Aber auch Buffy Ettmayer selbst hat sich in der Hansestadt noch nicht richtig eingelebt: »**Wenn ich in Stuttgart ins Flugzeug steige und daran denke, dass ich in Hamburg wieder raus muss, dann kriege ich immer Haarausfall.**« Vor allem die steife Brise in der Hansestadt kann er auch nach einigen Monaten immer noch nicht leiden. Und um seinen Freunden im Schwabenland zu veranschaulichen, wie schlimm das in Hamburg mit dem rauen Wind ist, versucht er es ihnen an einem Beispiel aus der alten Heimat zu erklären: »**Im Volksparkstadion muss ich den Ball quasi in der Cannstatter Kurve anschneiden, damit er in der Untertürkheimer herauskommt.**«

»Die **einzigen Techniker beim HSV** vor der Ära von Trainer Pagelsdorf **waren die Stadion-Elektriker**.«
(Uwe Bahn, NDR)

»Ein Tag ohne Fußball ist ein verlorener Tag.«
(Ernst Happel)

AM ENDE DER SAISON 1981/82

wird es noch einmal knapp. Doch dann gewinnt der HSV durch ein Tor von Horst Hrubesch in der 90. Minute mit 4:3. Der grandiose Schlussspurt ist das vorgezogene Meisterstück der Hamburger. Jimmy Hartwig erinnert sich, wie die Mannschaft das großartige Gefühl des Triumphs erlebt: »**In der Woche nach dem Spiel sind wir mit so breiter Brust durch die Straßen gelaufen, dass Fußgänger vor Angst die Straßenseite gewechselt haben.**«

»Auf einem alten Fahrrad lernt man das Radeln.«
(Rafael van der Vaart über seine fünf Jahre ältere Frau Sylvie)

Sylvie Meis (damals noch van der Vaart) im März 2013 mit Sabia Boulahrouz, die seit Frühjahr 2013 mit Rafael liiert ist.

Beinahe wäre der **Uwe Seeler** auch noch **Filmstar** geworden. Doch der Nationalspieler sagte Curd Jürgens Ende der sechziger Jahre leider für eine Rolle im Streifen **»Der Arzt von St. Pauli«** ab. Der heimatverbundene Hanseat meint selbstkritisch: **»Ich bin doch Fußballspieler und kein Schauspieler!«**

»Wir haben weder mit Lothar Matthäus noch mit Heidi Kabel gesprochen.«

(HSV-Sportdirektor Dietmar Beiersdorfer zu Trainergerüchten)

»Greifen Sie zu. Seitdem die Bilanz gut ist, ist weniger Brot in den Frikadellen.«

(Roland Wulff, Präsident des Hamburger SV)

»Was, der Kapellmann wird Arzt? Der wird doch Doktor!«

(Manfred Kaltz über Jupp Kapellmann)

»Ich erzähle euch nur ungern alles, was ich weiß, denn ich weiß wirklich nichts.«

(Kevin Keegan)

»Ich brauche keinen Butler. Ich habe eine junge Frau!«

(Thomas Doll)

»Jonathan Pitroipa ist wie ein Schulabbrecher – beide haben keinen Abschluss.«

(Holger Pfandt, Kommentator)

»Nach außen ist er introvertiert.«

(HSV-Stürmer Mladen Petric über seinen Mitspieler Zé Roberto)

»Der Zebec hat an den Schweißtropfen bei uns im Nacken ablesen können, wie viele Bier wir am Vorabend getrunken hatten. Das hat uns mächtig beeindruckt und unsere Disziplin gestärkt.«

(HSV-Profi Caspar Memering über seinen Trainer)

Dietmar Beiersdorfer
im Juli 1986

Ben Redelings ...

... ist Autor und Filmemacher. Als Kolumnist schreibt er wöchentlich für die Seiten von ntv.de. Die »Deutsche Akademie für Fußballkultur« nennt ihn »den ungekrönten Meister im Aufspüren kurioser Fußballgeschichten«. Seine Fußballabende erfreuen sich seit vielen Jahren deutschlandweit großer Beliebtheit. Im Verlag Die Werkstatt hat er u.a. den Bestseller »55 Jahre Bundesliga. Das Jubiläumsalbum« veröffentlicht. Ben Redelings lebt mit seiner Familie in Bochum.

Infos & Termine: **www.scudetto.de**

»Ben Redelings ist der Meister der kleinen Erzählungen, der vermeintlichen Nebensächlichkeiten, der vielen lustigen oder ergreifenden Geschichten, die in ihrer Gesamtheit als Erklärung dafür dienen, warum so viele Menschen, diesen Sport so sehr lieben.«

(Westdeutsche Allgemeine Zeitung)

ISBN: 978-3-7307-0417-2, € 14,00

»Das ist kein normales Buch. Es ist mehr als das. Es ist eine Liebeserklärung an den Fußball. Großartig.«

(Westfälische Nachrichten)

»Ein wundervoll-liebevoll gemachtes Buch darüber, wie man dem Fußball verfällt und wie sich das dann äußert, dass man so richtig verknallt ist.«

(Zeiglers wunderbare Welt des Fußballs)